U0942166

课本里的作家

爱阅读
学生精读版
★★★★★

课本里的作家

回延安

贺敬之/著

山东教育出版社
·济南·

图书在版编目（CIP）数据

回延安 / 贺敬之著 .— 济南 : 山东教育出版社 ,
2023.7
（爱阅读 · 课本里的作家）
ISBN 978-7-5701-2503-6

Ⅰ. ①回… Ⅱ. ①贺… Ⅲ. ①阅读课—初中—教学参
考资料 Ⅳ. ①G634.333

中国国家版本馆 CIP 数据核字（2023）第 047280 号

HUI YANAN
回延安
贺敬之 著

主管单位：山东出版传媒股份有限公司
出版发行：山东教育出版社
地址：济南市市中区二环南路 2066 号 4 区 1 号 邮编：250003
电话：（0531）82092600 网址：www.sjs.com.cn
印 刷：天津泰宇印务有限公司
版 次：2023 年 7 月第 1 版
印 次：2023 年 7 月第 1 次印刷
开 本：700 mm × 1000 mm 1/16
印 张：14
字 数：168 千
定 价：39.80 元

小兰姑娘
田野真像一床绿毯子呀。
我们坐在一起。
麦苗就在我们脚下乱拂，
——因为是刮着小风。

南泥湾
学习那南泥湾，
处处是江南。
又战斗来又生产，
三五九旅是模范……

风筝

喂，风筝，告诉我吧，告诉我：
在白云卷着烟云的厂房，
你可看见，
英雄们的眼睛闪闪亮？

桂林山水歌

心是醉啊，还是醒？
水迎山接入画屏！
画中画——漓江照我身千影，
歌中歌——山山应我响回声……

过洞庭湖（二首）

浪拍千里洞庭岸，
石耸君山九亿年。
我问斑竹悲喜泪，
九嶷云漫看征帆。

游黄山感怀

延水育年少，
今成九旬翁。
百惭一自豪，
未负始信峰。

总序

北京书香文雅图书文化有限公司的李继勇先生与我联系，说他们策划了一套《爱阅读·课本里的作家》丛书，读者对象主要是中小学生，可以作为学生的课外阅读用书，希望我写篇序。作为一名语文教育工作者，在中共中央办公厅、国务院办公厅印发《关于进一步减轻义务教育阶段学生作业负担和校外培训负担的意见》（以下简称“双减”）的大背景下，为学生推荐这套优秀课外读物责无旁贷，也更有意义。

一、“双减”以后怎么办?

“双减”政策对义务教育阶段学生的作业和校外培训作出严格规定。我认为这是一件好事。曾几何时，我们的中小学生作业负担重，不少学生不是在各种各样的培训班里，就是在去培训班的路上。学生“学”无宁日，备尝艰辛；家长们焦虑不安，苦不堪言。校外培训机构为了增强吸引力，到处挖掘优秀教师资源，有些老师受利益驱使，不能安心从教。他们的行为破坏了教育生态，违背了教育规律，严重影响了我国教育改革发展。教育是什么?教育是唤醒，是点燃，是激发。而校外培训的噱头仅仅是提高考试成绩，让学生在中高考中占得先机。他们的广告词是“提高一分，干掉千人”，大肆渲染“分数为王”，在这种压力之下，学生面对的是“分萧萧兮题海寒”，不得不深陷题海，机械刷题。假如只有一部分学生上培训班，提高的可能是分数。但是，如果大多数学生或者所有学生都去上培训班，那提高的就不是分数，而只是分数线。教育的根本任务是立德树人，是培根铸魂，是启智增慧，是让学生的德智体美劳全面发展，是培养社会主义建设者和接班人，是为中华民族伟大复兴提供人才，而不是培养只会考试的“机器”，更不能被资本所“绑架”。所以中央才“出重拳”“放实招”，目的就是要减轻学生过重的课业负担，减轻家长过重的经济和精神负担。

“双减”政策出台后，学生们一片欢呼，再也不用在各种培训班之间来回奔波了，但家长产生了新的焦虑：孩子学习成绩怎么办？而对学校老师来说，这是一个新挑战、新任务，当然也是新机遇。学生在校时间增加，要求老师提升教学水平，科学合理布置作业，同时开展课外延伸服务，事实上是老师陪伴学生的时间增加了。这部分在校时间怎么安排？如何让学生利用好课外时间？这一切考验着老师们的智慧。而开展各种课外活动正好可以解决这个难题。比如：热爱人文的，可以开展阅读写作、演讲辩论，学习传统文化和民风民俗等社团活动；喜爱数理的，可以组织科普科幻、实验研究、统计测量、天文观测等兴趣小组；也可以开展体育比赛、艺术体验（音乐、美术、书法、戏剧……）和劳动教育等实践活动。当然，所有的活动都应以培养学生的兴趣爱好为目的，以自愿参加为前提。学校开展课后服务，可以多方面拓展资源，比如博物馆、图书馆、科技馆、陈列馆、少年宫、青少年活动中心，甚至校外培训机构的优质服务资源，还可组织征文比赛、志愿服务、社会调查等，助力学生全面发展。

二、课外阅读新机遇

近年来，新课标、新教材、新高考成为语文教育改革的热词。我曾经看到一个视频，说语文在中高考中的地位提高了，难度也加大了。这种说法有一定道理，但并不准确。说它有一定道理，是因为语文能力主要指一个人的阅读和写作能力，而阅读和写作能力又是一个人综合素养的体现。语文能力强，有助于学习别的学科。比如数学、物理中的应用题，如果阅读能力上不去，读不懂题干，便不能准确把握解题要领，也就没法准确答题；英语中的英译汉、汉译英题更是考查学生的语言表达能力；历史题和政治题往往是给一段材料，让学生去分析、判断，得出结论，并表述自己的观点或看法。从这点来说，语文在中高考中的地位提高有一定道理。说它不准确，有两个方面的理由：一是语文学科本来就重要，不是现在才变得重要，之所以产生这种错觉，是因为在应试教育的背景下，语文的重要性被弱化了；二是语文考试的难度并没有增加，增加的只是阅读思维的宽度和广度，考查的是阅读理解、信息筛选、应用写作、语言表达、批判性思维、辩证思维等关键能力。可以说，真正的素质教育必须重视语文，因为语文是工具，是基础。不少家长和教师认为课外阅读浪费学习时间，这主要是教育观念问题。他们之所以有这种想法，无非是认为考试才是最终目的，希望孩子可以把更多时间用在刷题上。他们只看到课标和教材的变化，以为考试还是过去那一套，其实，考试评价已发生深刻变革。目前，考试评价改革与新课标、新教材改革是同向同行的，都是围绕立德树人做文章。中共中央、国务院印发的《深化新时代教育评价改革总体方案》明确指出："稳步推进中高考改革，构建引导学生德智体美劳全面发展的考试内容体系，改变相对固化的试题形式，增强试题开放性，减少死记硬背和'机械刷题'现象。"显然就是要用中高考"指挥棒"引领素质教育。新高考招生录取强调"两依据，一参考"，即以高考成绩和高中学业水平考试成绩为依据，以综合素质评价为参考。这也就是说，高考成绩不再是高校选拔新生的唯一标准，不只看谁考的分数高，而是看谁更有发展潜力、更有创造性，综合素质更高，从而实现由"招分"向"招人"的转变。而这绝不是仅凭一张高考试卷能够区分出来的，"机械刷题"无助于全面发展，必须在课内学习的基础上，辅之以内容广泛的课外阅读，才能全面提高综合素养。

三、"爱阅读"助力成长

这套《爱阅读·课本里的作家》丛书是为中小学生读者量身打造的，符合《义务教育语文课程标准》倡导的"好读书、读好书、读整本的书"的课改理念，可以作为学生课内学习的有益补充。我一向认为，要学好语文，一要读好三本书，二要写好两篇文，三要养成四个好习惯。三本书指"有字之书""无字之书""心灵之书"，两篇文指"规矩文"和"放胆文"，四个好习惯指享受阅读的习惯、善于思考的习惯、乐于表达的习惯和自主学习的习惯。古人说"读万卷书，行万里路"，实际上就是要处理好读书与实践的关系。对于中小学生来说，读书首先是读好"有字之书"。"有字之书"，有课本，有课外自读课本，还有"爱阅读"这样的课外读物。读书时我们不能眉毛胡子一把抓，要区分不同的书，采取不同的读法。一般说来，读法有精读，有略读。精读需要字斟句酌，需要咬文嚼字，但费时费力。当然也不是所有的书都需要精读，可以根据自己的需要决定精读还是略读。新课标提倡中小学生进行整本书阅读，但是学生往往不能耐着性子读完一整本书。新课标提倡的整本书阅读，主要是针对过去的单篇教学来说的，并不是说每本书都要从头读到尾。教材设计的练习项目也是有弹性的、可选择的，不可能有统一的"阅读计划"。我的建议是，整本书阅读应把精读、略读与浏览结合起来，精读重在示范，略读重在博览，浏览略观大意即可，三者相辅相成，不宜偏于一隅。不仅如此，学生还可以把阅读与写作、读书与实践、课内与课外结合起来。整本书阅读重在掌握阅读方法，拓展阅读视野，培养读书兴趣，养成阅读习惯。

再说写好两篇文。学生读得多了，素养提高了，自然有话想说，有自己的观点和看法要发表。发表的形式可以是口头的，也可以是书面的，书面表达就是写作。写好两篇文，一篇规矩文，一篇放胆文。规矩文重打基础，放胆文更见才气。规矩文要求练好写作基本功，包括审题、立意、选材、构思等，同时还要掌握记叙文、议论文、说明文、应用文的基本要领和写作规范。规矩文的写作要在教师的指导下进行。放胆文则鼓励学生放飞自我、大胆想象，各呈创意、各展所长，尤其是展现自己的写作能力、语言表达能力、批判性思维能力和辩证思维能力。放胆文的写作可以多种多样，除了大作文，也可以写小作文。有兴趣的学生还可以进行文学创作，写诗歌、小说、散文、剧本等。

学习语文还要养成四个好习惯。第一，享受阅读的习惯。爱阅读非常重要，每个同学都应该有自己的个性化书单。有的同学喜欢网络小说也没有关系，但需要防止沉迷其中，钻进“死胡同”。这套《爱阅读·课本里的作家》丛书，给中小学生课外阅读提供了大量古今中外的名家名作。第二，善于思考的习惯。在这个大众创业、万众创新的时代，创新人才的标准，已不再是把已有的知识烂熟于心，而是能够独立思考，敢于质疑，能够自己去发现问题、提出问题和解决问题，需要具有探究质疑能力、独立思考能力、批判性思维和辩证思维能力。第三，乐于表达的习惯。表达的乐趣在于说或写的过程，这个过程比说得好、写得完美更重要。写作形式可以不拘一格，比如作文、日记、笔记、随笔、漫画等。第四，自主学习的习惯。我的地盘我做主，我的语文我做主。不是为老师学，也不是为父母长辈学，而是为自己的精神成长学，为自己的未来学。

愿广大中小学生能借助这套《爱阅读·课本里的作家》丛书，真正爱上阅读，插上想象的翅膀，飞向未来的广阔天地！

顾之川

我爱读课文

回延安 / 2

读前导航 / 2

精彩赏读 / 4

积累与表达 / 11

知识乐园 / 14

作家经典作品

北方的子孙 / 16

小兰姑娘 / 22

我走在早晨的大路上 / 26

给土地和牛拉拉话 / 31

我的家 / 34

七枝花 / 36

南泥湾 / 39

翻身道情 / 41

笑 / 42

搂草鸡毛 / 55

妈妈的眼睛真明亮 / 64

梦里的旅行 / 66
风　筝 / 70
放声歌唱 / 73
中流砥柱 / 138
桂林山水歌 / 141
西去列车的窗口 / 145
啄　破 / 153
南国春早 / 156
访崖山 / 157
赠诗友 / 159
题徐州绘画馆 / 160
青州三题 / 161
过洞庭湖（二首） / 163
故乡行（十五题选十三题） / 164
访石花洞 / 169
枣庄行（四题） / 170
本溪二首 / 173
咏山海关老龙头 / 174
访仙游寺 / 175
大观西湖 / 176
川北行（十五题选十一题） / 177
百年纪念 / 179
槽渔滩诗草 / 180
咏徐州 / 182
怀海涅 / 183

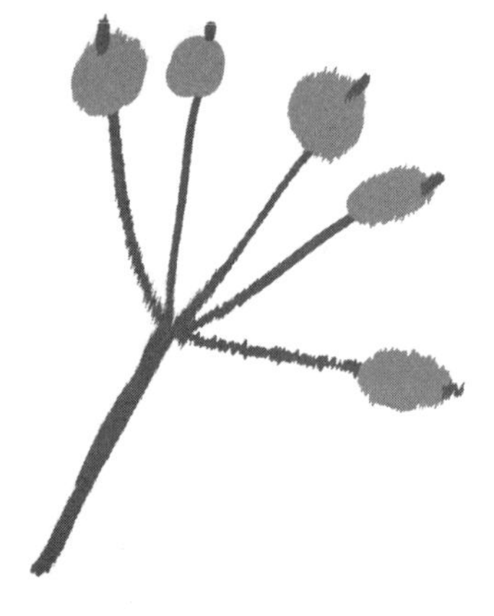

咏南湖船 / 186
咏黄果树大瀑布 / 189
散歌纪行（三首选二首）/ 190
访神农架（外一首）/ 191
游风穴寺 / 192
登风穴寺望州亭 / 193
龙庆峡 / 194
登白云山述怀 / 195
访黛眉山龙潭大峡谷 / 197
游黄山感怀 / 199
云南行（四首选三首）/ 200
荆州行（五首选四首）/ 203
三峡行（九首选七首）/ 205
哲盟行（八题选六题）/ 209
老人节访延边（九题选八题）/ 212

我爱读课文

原文赏读

回延安

体　　裁：诗歌
作　　者：贺敬之
创作时间：1956年
作品出处：部编版语文八年级（下册）
内容简介：诗歌抒发了诗人回到阔别十年的延安时的喜悦之情，赞颂了延安在中国革命史上的伟大贡献，以及反映了新中国成立后延安发生的巨大变化。这首诗用陕北民歌“信天游”的形式写成，运用了富有地方色彩的词语，展示出浓郁的陕北风情。

读前导航

阅读准备

贺敬之是一位才华横溢、富有创造精神的诗人。他的诗歌以抒情为基调，具有豪迈、刚健、清新等主要特点。他善于以敏锐的目光去抓取时代重大的事件和生活片断，把诗歌与政治结合，集描写、抒情和议论为一体，格调高昂而奔放，鲜明地表露出诗人的政治态度和政治激情。

在艺术形式上，贺敬之的诗既有民歌的特色，又有古典诗歌的韵味，再加入人们喜闻乐见的语言，运用想象、夸张、幻想等修辞手法，将革命浪漫主义风格表现得十分突出。

目标我知道

学习目标	了解陕北民歌“信天游”的艺术特点
	收集关于延安的相关历史材料，了解当时的革命者对延安的特殊情感
学习重点	感知诗歌内容，体会诗人对母亲延安的感情
	积累“登时”“树梢”“糜子”“脑畔”等词语
学习难点	朗读品味诗歌，把握其形式特点和语言风格
	分析诗中的夸张、拟人等修辞手法

背景我来探

诗歌《回延安》发表在1956年7月的《延河》月刊上。1956年，贺敬之参加西北五省（区）青年造林大会，回到曾经生活、战斗过的革命圣地延安，看到延安的巨大变化，看到熟悉的山水和热情的乡亲们，他无比兴奋和喜悦，于是用陕北民歌“信天游”的形式写下了这首诗，抒发了对延安的深切感情，对党和人民的无限热爱。

精彩赏读

课本原文

一

心口呀莫要这么厉害地跳，
灰尘呀莫把我眼睛挡住了[1]……

[1]本句中“莫要”“莫把”是表祈使语气的词语，将作者无法抑制的兴奋感描写得淋漓尽致。

句解：表达了作者再次回到延安时的激动和喜悦，为后面写作者在延安的所见、所感做铺垫。

手抓黄土我不放，
紧紧儿贴在心窝上。

句解：用“抓”“贴”来进行动作描写，很逼真，表达了作者对延安这片土地的热爱。

……几回回梦里回延安，
双手搂定宝塔山。

【几回回】方言，一回又一回。

句解：“搂”字属于动作描写，体现了一种亲切感；“搂定”仿佛是在说宝塔山小，此处运用夸张的手法，表现作者非常想回到延安。

千声万声呼唤你，
——母亲延安就在这里！

句解：把延安比作母亲，表达了作者对延安的深厚感情。

杜甫川唱来柳林铺笑，
红旗飘飘把手招。

【杜甫川】延安城南的一条小河。

句解：用拟人的手法渲染欢乐的气氛，表达了作者再次回到延安的喜悦之情。

白羊肚手巾红腰带，
亲人们迎过延河来。

【白羊肚(dǔ)手巾】白毛巾。因毛巾很像翻过来的羊肚，所以有的地方把白毛巾叫作“白羊肚手巾”。

句解：写出了延安人民欢迎作者的热烈场面，表现出延安人民的热情好客。

满心话登时说不出来，
一头扑进亲人怀……

【登时】立刻。

句解：“扑”字胜过千言万语，表达了作者对延安亲人的想念和眷恋。

二

……二十里铺送过柳林铺迎，
分别十年又回家[1]中。

[1]“回家”一词，表明作者将延安当成自己的家，表达出作者对延安的感情非常深。

句解：由当年的送别场面和今天的欢迎场面，引出后文作者对延安生活的回忆。这个过渡句具有承上启下的作用。

树梢树枝树根根，
亲山亲水有亲人。

句解：用树梢、树枝、树根的密不可分，比喻作者和延安人民亲密无间的关系。

【羊羔羔】小羊。

羊羔羔吃奶眼望着妈，
小米饭养活我长大。

句解：用羊羔羔吃奶的这件事，引出“我”是吃延安的小米饭长大的，含有延安养育了“我”的意味。

【糜(méi)子】一种形像小米，没有黏性的黍(shǔ)类谷物。

东山的糜子西山的谷，
肩膀上的红旗手中的书。

句解：写出了作者在延安不仅学到了生产斗争的知识和本领，还学到了文化和革命道理。

手把手儿教会了我，
母亲打发我们过黄河。

句解：写出了母亲延安对作者的培育之恩，表达了母亲延安对作者走上革命道路具有深刻的影响。

革命的道路千万里，
天南海北想着你……

句解：用抒情的方式写出了作者对母亲延安有一种割舍不掉的感情，表现出作者对母亲延安的想念和感激。

三

【米酒油馍】黍米酿的酒和油炸的黍米面饼。

米酒油馍木炭火，
团团围定炕上坐。

句解：选择有陕北地方特色的事物，来渲染延安人民对作者的热情招待。

满窑里围得不透风，
脑畔上还响着脚步声。

【脑畔（pàn）上】指窑洞的顶上。

句解：写出了来欢迎作者的人很多，表现了延安人民对作者的热情。

老爷爷进门气喘得紧：
“我梦见鸡毛信来——可真见亲人……”

【鸡毛信】指需要迅速传送的信件，上面粘附有鸡毛。

句解：表现出老爷爷急于见亲人的情境，写出了老人见到作者时高兴、激动的心情。

亲人见了亲人面，
欢喜的眼泪眼眶里转。

句解：写出了亲人相见时的感人场面。

“保卫延安你们费了心，
白头发添了几根根。”

句解：作者对为保卫延安立下功劳的父老乡亲表示出由衷的敬意。

团支书又领进社主任，
当年的放羊娃如今长成人。

【社主任】指当时农业生产合作社的主任。

句解：写延安新一代年轻人可喜的成长变化。

白生生的窗纸红窗花，

【白生生】陕北方言，很白的意思。

娃娃们争抢来把手拉。

句解：写出了孩子们的天真活泼，表达出团聚时的喜悦之情。

[1]“千万句话”属于夸张。

[2]这里把“千万句话”比喻为长江大河的“浪花”。

一口口的米酒千万句话[1]，
长江大河起浪花[2]。

句解：运用夸张和比喻的修辞手法，表现出人们欢喜、激动的心情。

十年来革命大发展，
说不尽这三千六百天……

句解：由延安想到全中国，表达出作者对祖国革命事业蓬勃发展的欣慰和感慨。

四

千万条腿来千万只眼，
也不够我走来也不够我看！[3]

[3]用“千万条腿”“千万只眼”与“不够我走”“不够我看”形成对照。

句解：运用夸张的修辞手法，写出了延安可喜的变化之大。

头顶着蓝天大明镜，
延安城照在我心中：

句解：运用比喻的修辞手法，把延安的蓝天比作大明镜，映照出美好的图景。

一条条街道宽又平，
一座座楼房披彩虹；

句解：“披彩虹”生动形象地描绘出楼房绚丽的色彩。

“一条条”“一座座”“一盏盏”“一排排”构成排比。

一盏盏电灯亮又明，
一排排绿树迎春风……

句解：通过对延安新面貌的描写，表达出作者对延安建设的夸赞。

对照过去我认不出了你，
母亲延安换新衣[1]。

[1] 指延安的新面貌。

句解：运用比喻和拟人的修辞手法，抒发了作者对延安旧貌换新颜的喜悦和赞美之情。

五

杨家岭的红旗啊高高地飘，
革命万里起浪潮！

【杨家岭】延安城北的一个村子，1938年11月至1947年3月为中共中央的所在地。

句解：前一句运用“兴”的手法，先说杨家岭的红旗，然后引出下文，描述革命事业在延安的蓬勃发展。

宝塔山下留脚印[2]，
毛主席登上了天安门！

[2]“脚印”既是中国革命的脚印，也是人民领袖的脚印。

句解：从“宝塔山”到“天安门”，写出了延安的革命精神将传遍全中国并发扬光大。

【枣园】在延安城西北，毛泽东同志曾住过的地方。

【赤卫军】即“赤卫队”，指我国第二次国内革命战争时期，革命根据地内一种不脱离生产的群众武装组织。

枣园的灯光照人心，
延河滚滚喊“前进”！

句解：运用拟人的修辞手法，赋予延河以人的行为，寓意革命形势一片大好。

赤卫军，青年团，红领巾，
走着咱英雄几辈辈人……

句解：表明延安英雄辈出，他们在各个历史时期都做出了很大的贡献。

社会主义路上大踏步走，
光荣的延河还要在前头！

句解：表达作者的展望——延安的革命精神会像滚滚的延河水一样永远向前，带领全国人民在社会主义的道路上奋勇向前。

身长翅膀吧脚生云，
再回延安看母亲！

句解：运用夸张的修辞手法，再次抒发了作者对母亲延安的眷恋之情。意味深长，首尾呼应。

1956年3月9日，延安

作品赏析

全诗以“回延安”为线索，具有鲜明的抒情层次：作者先写回到延安时的兴奋和激动；再回忆当年在延安的战斗生活；而后赞美延安在革命中的巨大功绩及延安人民的热情；最后展望延安的美好前程，抒发自己对延安和党的无限热爱。通过直白的抒情和多种修辞手法的运用，作者将自己对延安和党的深切情感充分展现在读者面前。

积累与表达

日积月累

品味课文诗句。

1. 千声万声呼唤你，——母亲延安就在这里！

2. 杜甫川唱来柳林铺笑，红旗飘飘把手招。

3. 千万条腿来千万只眼，也不够我走来也不够我看！

赏读经典诗句

1. 少小离家老大回，乡音无改鬓毛衰。

——［唐］贺知章《回乡偶书》

2. 日出江花红胜火，春来江水绿如蓝。

——［唐］白居易《忆江南》

3. 白日放歌须纵酒，青春作伴好还乡。

——［唐］杜甫《闻官军收河南河北》

读后感想

《回延安》读后感

今天的语文课，我学习了《回延安》这一篇课文，感悟有很多。

延安是中国革命的圣地，红军曾在如火如荼的革命斗争中，熔铸出伟大的延安精神。有无数的革命前辈在这里奋战，几十年如一日。作者正是怀着对先辈的敬意和对过去的缅怀回到延安的，故地重游，留下了情真意切的诗篇。

诗中最让我印象深刻的，是以前的人们，过着怎样的艰难生活，我再一次被革命先辈们的顽强精神感动了。正是在那样的环境下，我们的革命先辈仍然没有放弃为人民奋斗的决心，用难以想象的毅力和崇高的信仰坚持了长达十几年的奋斗。最终在他们的带领下，中国人民终于再一次屹立于世界东方，中华民族终于踏上了民族复兴的大道。这让我更加感受到我们现在美好生活的来之不易。如今的我们身在红旗下，长在春风里，更应该把革命先辈们的精神传承下去，把革命的火炬传承下去，用这一把火炬，照亮每一代中国人民前进的道路，这也是我们每一个人都应该为之拼博的理想。这个理想有两方面，一个是个人理想，另一个则是中国梦。相信我们每个人都有自己的理想，想当老师，想当医生，想当警察……不管是什么理想，我们都应该为之奋斗，为自己，为他人而拼搏。在为个人理想拼搏的同时，我们也不能忘记中国梦。中国梦的内涵是什么？是实现中华民族的伟大复兴。如今我们中国人民已经从近代百年的耻辱中站起来了，我们重建了自己梦想的家园，但是我们应该有更加长远的目光。作为社会主义接班人，我们更加应该接过历史的接力棒，扛起时代的重任！

精彩语句

1. 延安是中国革命的圣地，红军曾在如火如荼的革命斗争中，熔铸出伟大的延安精神。

开门见山，语言生动，向读者介绍了延安的历史背景。

2. 作为社会主义接班人，我们更加应该接过历史的接力棒，扛起时代的重任！

结尾有力地收束情感，表达《回延安》给作者带来的震撼，也表现出作者奋斗进取的决心。

妙笔生花

读过贺敬之的《回延安》，你有何感想呢？动动手中的笔，写下来吧！

知识乐园

一、阅读原文，回答问题。

（1）贺敬之，现代著名______，______。代表作有__________、__________等。

（2）《回延安》是一首采用陕北民歌__________的形式写成的具有浓郁陕北风情的诗篇，诗人以赤子之心歌颂了__________的延安精神，从中，我们可以感受到诗人跳动着的脉搏——对母亲延安的那份炽热的真情。

二、下列短语中加点字注音不正确的一项是（　　）。

A. 白羊肚（dǔ）手巾　　B. 二十里铺（pù）

C. 东山的糜（mí）子　　D. 米酒油馍（mó）

三、下面各句采用了什么修辞手法？表现了诗人怎样的情感？

（1）千声万声呼喊你____________________

（2）杜甫川唱来柳林铺笑____________________

（3）双手搂定宝塔山____________________

（4）母亲延安就在这里____________________

四、写一写。

诗人善于运用拟人手法描绘事物，如“杜甫川唱来柳林铺笑，红旗飘飘把手招”。唱、笑、招，都是拟人手法的运用，渲染了欢乐的气氛。请你仿照本文的写法，也运用拟人手法，写一段文字，100字左右。

____

____

____

作家经典作品

自主阅读

北方的子孙[1]

我是
年青的
北方的子孙啊!
——我伴着,
那荒地、
莽原、
乌泥、
秋天的黄沙
和那
冬天的
大漠风、
冻雪
活过十多年。

我像
那荒地的每一个孩子
一样呀!
守着一只老黄牛,

① 注:作者时年15岁,首作刊发于四川成都《朔风》。

成长在
河边
湖畔——

我学会了
祖先传下的牧歌，
从老子的脸上
我晓得
那质朴的
他们的忧郁啊！

北方！
我们的
忧郁的骆驼……

春天，
那地面
有绿色在生长的时候，
我们，
孩子的心，
还温着
往日的梦呀！
穷苦，
凶年，
人们在命运的鞭子下
流浪，

死亡……

夏天，
庄稼苗子
长起来的时候——
在那荒土上，
我们望到“它”，
像望见了生命的喜悦！
然而，
谁又会相信，
黄水不为患呢？！——
那毁灭的歌子呀！
房屋、
庄稼，
祖宗留下的
吹不甚响的牛角，
缺破的农具，
我们的生命……
会毁灭在那水底！
——我听过老年人
讲说的故事：
水头
千丈高。
红衣神仙
抓着法水，
千万人

被圈在
死亡的圈子里！
到了庄稼“晒米”，
太阳珍贵的时候，
秋天的
大豆、
高粱、
棒子、
小米……
上了场，
我们又拾起了
跳跃的生命的歌子！
用一支高粱秸
催动老黄牛、
驴子，
从那踽踽的脚步里，
碌碡[①]——
压着庄稼。
尖锐的声音，
在汗流中滋长……
八月的风，
在荒野
扎下了营，
我们憧憬着

① 注：碌碡，石制农具，用来碾压粮食。

那“折子”里[1]
装满的食粮啊!
但,
会被还账带走!
生命
干涸了的泉源,
牲口的
忧郁的头颅,
挂在了树梢,
啊!谁听到了它们的哭泣?

冬天,
北方的地面,
蒙上了冰雪,
丛林、
河流、
黄土屋,
紧紧地封锁在白练下……
寒冷、
饥饿,
从塞北
刮来的风,
我们看见了
那死亡的恐怖。

① 注:“折子”,旧时鲁南农村一种盛粮器具。

天空，
阴冷的神秘
控住那荒土呵！

北方！
我们的
忧郁的骆驼……

祖宗，
将一支牧羊的鞭子
抛下来……
在那荒土上
我偷偷地活过十多年！

我是
年青的
北方的子孙啊！
我会唱那
农歌、
牧歌、
吹那牛角，
在北方的荒土上，
我依恋的
年青的灵魂！

1939年8月16日，四川梓潼

小兰姑娘

一

我和小兰姑娘到田野里去。

麦苗都长高了，
村头的李花都开了，
燕子一对对在我们头上飞着叫着，
一会儿，又飞跑了。

春天到了，
小兰姑娘就是春天。

春天的花朵真好看，
小兰姑娘却更好看；
春天的太阳真温和，
小兰姑娘却更温和呢。

我们到麦地里去割荠荠芽，
可是谁也不想干活，
镰刀都放在一边——

田野真像一床绿毯子呀。
我们坐在一起。
麦苗就在我们脚下乱拂，
——因为是刮着小风。

我把手放在小兰姑娘肩上。
时间正是晌午。
小兰说该做活了，
回家娘要骂呢。

——小兰姑娘是王五伯伯的闺女；
王五伯伯是李大爷的租户。
王五伯伯把小兰许给李金余；
李金余是李大爷的侄儿。
李金余是富人，
我是穷人。
李金余在学堂里，
我在田野里。
——小兰姑娘却喜欢我。

"怎么办呢？小兰——"
"怎么办呢，我不知道……"

"咱俩跑走吧。小兰！"

镰刀在土里抽动，

燕子又来偷听了。

二

小兰姑娘就住在庄东头的那间小屋里，
她家门前是一条小河。

……一个夜里，
我去找小兰。
她怕叫爷娘知道，
悄悄地从屋里出来，
来到我面前。

于是，我们走了，
跑过小河。

“到哪里去呢？天这么黑……”

“到外头去，
到很远的地方去。
天不黑，你就是月姥娘……”

三

谁知道，
不到天明我们就糟了！
李大爷派人把我们捉了回去。

小兰的娘来打小兰，
李金余把我摔到河沟里。
不到两天，
李金余就把小兰娶走了。

四

……我把头枕到小兰姑娘坟上，
现在秋天也完了。

小兰姑娘是吊死的，
在她被娶走的第七天。
……唉，小兰！

老巫婆给王五伯伯家念经，
说小兰是妖怪。

我把头枕到小兰姑娘坟上，
小兰呵，我来叫你，
为什么你不答应我呢？

小兰呵，快醒过来吧，
不要怕夜里太黑太冷，
我们拾些树枝扎个小火把。
它会照着我们。
向很远很远的地方走去……

1941 年 7 月

我走在早晨的大路上

我走在早晨的大路上，
我唱着属于这道路的歌。
我的早晨的河啊，你流吧，
我的早晨的太阳，你升起吧。

我走在早晨的大路上，
在我的面前，
在我的四周，
是无限广大的土地。
我面对着我自己，
我面对着我的歌，
我面对着这道路，这土地，
我面对着这个国度，这个政权；
我——一个十八岁的公民，
我自己说话，高声地：
这土地是我的！
这山也是我的！

我——一个十八岁的歌者，

我唱我自己的歌，高声地：
是我的——这早晨，这太阳！
是我的——这欢快的一天的开始！
现在是秋天。
现在是收获的季节。
现在是每一种颜色都鲜红的季节。
现在是每一个喉咙都发声的季节。
现在是每一双手都举起热情的季节。
现在是每一朵花都结实的季节。

我走在早晨的大路上，
我唱着属于这道路的歌。
光明和温暖正在这大地上开始，
这里正在开辟，正在手创。

这早晨的歌，
这太阳的歌，
这季节的歌，
这开辟和手创的歌，
这闪耀和燃烧的歌，
呵，我走在这道路上！
这道路的歌，
这田野的歌，
这西红柿的歌。
这小米的歌，
这玉蜀黍和高粱的歌！

呵，此刻，我，前进着，
我迈着我的脚步，均衡而有力。

我的伙伴，我的公民同志，
我们来唱这歌吧，
我们来完成这奇迹，
我们来投票选举，
我们来吧。同志——
足够十八岁的！

我，十八岁，向前走，唱着，
你们，也向前走，
从我的左肩擦过，唱着；
从我的右肩擦过，唱着。

我什么也不想，
我，一点也不怀疑，
我面对你呵，我的大地，
如同向日葵对于太阳一样真诚不二。

我的头脑是清醒的，
像那被太阳光穿透的露珠。
在会议上允许我发言，
在我的道路上允许我大步向前而且唱歌。

我的脚步是你们中间的一双脚步，

公民同志们！
我的手是你们中间的一双手啊，
公民同志们！
它同你们紧靠着，
它同你们一起前进，
它同你们紧握着，
它同你们一起来管理这大地。

让我们牢记吧，
我们是自己国度的先驱者，
让我们牢记吧，
我们是自己栽培自己收获的人！

我不能不起来，从我的座位里，
我来到这早晨的道路上，
我不能不唱歌，唱我的赞颂的歌，
给这早晨，给这太阳！

我仍然前进，
一刻也不休止，
我同我的邻人，
一起呼吸，生活。
我走在这早晨的大路上，
我唱着属于这道路的歌。
我看见这大地每一秒钟都在前进，
我看见这大地每一秒钟都在生长，

我看见这大地上的旗帜正在飘扬，
我看见这大地上：快乐和歌唱。

我，向前走！
我，十八岁的公民！
啊，我唱着，和延河的声音一起，
太阳在我的周身，在我的大地上。

前面的，你是什么？
都来到我的怀里吧，我紧紧地拥抱你们，
我，十八岁的歌者，
我也要投到你们的怀里，你们也来拥抱我！

你是我的同志，我的爱人啊，
你是我的伙伴，我的邻人啊，
你是我的房屋，我的田野啊，
你是我的早晨，我的太阳啊。

我走在早晨的大路上，
我唱着属于这道路的歌。
我跟着前面的人，
后面的人跟着我。

1941年9月，延安

给土地和牛拉拉话

一

土地啊，
我要给你拉拉话！
我知道你不聋也不哑，
我的话儿你可都解下？

喂！叫那东边的雨来打，
叫那西边的风来刮。
汗珠珠流来泪珠珠洒，
过去的光景莫提它。

过去的光景莫提它，
汗珠珠流来泪珠珠撒。
土地，你翻个身儿盖上它，

土地啊，
迩刻你是我的啦，
我的话儿你可都解下？

我爱你像爱我妈，
我爱你又像爱我娃！
土地，你还在睡着啦，
土地，醒醒吧，醒醒吧！

你要多给我长些芽，
你要多给我开些花。
你伸手儿推开雪做的白绫被，
土地，醒醒吧，
你可知道冬天快完啦。

土地啊，
我要给你拉拉话，
我知道你不聋又不哑，
我的话儿你可都解下？

二

我的牛啊，
我要给你拉拉话，
我知道你不聋也不哑，
我的话儿你可都解下？

喂，你的前脚向上抬，
你的后脚往下踏。
这天又蓝来云又白，

我们那好太阳在空中挂。

我们那好太阳在空中挂。
不要嫌犁重来不要嫌耙压。
我的牛为了土地你才架起它。

我的牛呵,
这刻你是我的啦,
我的话儿你可都解下?
我爱你像爱我的亲兄弟,
我爱你又像爱我娃。

我的牛,不能停下,
我的牛,还要走啊,还要走啊。

你要多给我出点力,
你要多把汗珠珠洒。
我跟你把新鲜的种子来撒下,
我的牛,还要走啊,
你可知道春天来到我们这边啦。

我的牛呵,
我要给你拉拉话,
我知道你不聋又不哑,
我的话儿你可都解下?

我的家

陕甘宁——我的家，
几眼新窑在这垯[①]。

这里是——我的庄稼：
谷子一片黄，
荞麦正开花，
你听那秫秫[②]叶子哗啦啦想说啥？

唔，还有这牛，这羊，
这一群黑油油的小猪娃。

暖堂堂的太阳头上照，
活闪闪，一杆红旗崟畔上插。

眼望这一片好光景，
叫我怎能不爱它？

---

① 注：这哒，西北方言，这里。
② 注：秫秫，即高粱。

革命前，真可怜呵……
咳，过去的光景不提它！
陕甘宁——我的家，
如今与前不同啦。

呃！你看，那桃林地里，
有个黑影过来啦！

是狼？是狗？
还是什么坏家伙？

唔，看清啦：
是他们！

娃！把我的枪拿来，
咱要撵走这贼娃！

呵！
陕甘宁呵，我的家，
我怎能叫强盗来侵占，
我怎能不来保卫它？

1942 年 9 月，延安

七枝花[1]

（花鼓）

什么花开花朝太阳？
什么人拥护共产党？
葵花儿开花朝太阳，
老百姓拥护共产党。
共产党，怎么样？
它给人民出主张——
老百姓拥护共产党。

什么花开花穿在身？
什么人的话儿要记在心？
棉花儿开花穿在身，
毛主席的话儿记在心。
毛主席，说什么？
“全心全意为人民”——
毛主席的话儿记在心。

什么花开花不怕雪？

① 注：1943 年 2 月作于延安，杜矢甲作曲。1945 年日本投降后修改。

什么军队打仗最坚决?
蜡梅花开花不怕雪,
人民军队打仗最坚决。
为什么,最坚决?
人民的敌人要消灭——
人民军队打仗最坚决。

什么花开花根连根?
什么军队和人民一条心?
荷花开花根连根,
解放军和人民一条心。
一条心,为什么?
军民本是一家人——
解放军和人民一条心。

什么花开花拦住路?
什么鬼怪要铲除?
蒺藜开花拦住路,
反动派鬼怪要铲除。
消灭反动派才能享幸福——
反动派鬼怪要铲除。

什么花开花千里红?
什么人发动了大反攻?
荞麦开花千里红。

解放军发动了大反攻。
大反攻，怎么样？
反动派一起消灭净——
解放军发动大反攻。

什么花开花迎春天？
什么人迎接胜利年？
迎春花开花迎春天，
中国人民迎接胜利年。
迎接胜利，怎么样？
团结一起走向前！

南泥湾[1]

（秧歌表演唱）

花篮的花儿香，
听我来唱一唱。
唱呀一唱——
来到了南泥湾，
南泥湾好地方，
好呀地方。
好地方来好风光，
好地方来好风光——
到处是庄稼，
遍地是牛羊……

往年的南泥湾，
处处是荒山，
没呀人烟……
如今的南泥湾，
与往年不一般，
不呀一般。

---

① 注：1943 年 3 月作于延安，马可作曲。

如呀今的南泥湾呀
与呀往年不一般——
再不是旧模样，
是陕北的好江南……
陕北的好江南，
鲜花开满山，
开呀满山——
学习那南泥湾，
处处是江南。
又战斗来又生产，
三五九旅是模范……
咱们走向前，
鲜花送模范……

翻身道情[①]

（秧歌剧唱词）

太阳——出来呀，
（哎咳哎咳哎咳哎咳哎咳哎咳哎咳咳咳咳），
满山——红哎（哎哎咳哎咳呀），
共产党救咱，翻了（哟嗬）身（哎咳呀）。

旧社会——咱们受苦的人。
人下——人哎，（哎咳哎咳呀），
受欺压一层又（哟）一层（哎咳呀）。
又（哟）一层（哎咳呀）。

打下的粮食，地主他拿走（哎咳呀），
咱受冻，又受饿，有谁来照应啊（哎咳呀），
毛主席领导咱平分土地（哎咳呀），
为的是叫咱们有吃有穿呀（哎咳呀）。

往年，咱们眼泪，肚里流（哎咳哎咳呀），
如今咱站起来，做了主人（哎咳呀），
天下的农民，是一家人（哎咳哎咳呀），
大家团结，闹翻（哟）身（哎咳咿），大家团结闹翻身！

① 注：1943 年 11 月作于绥德，秧歌剧《减租会》中佃户组长唱。刘炽据《陇东道情》曲调改编。

笑

大雪飘飘，
大雪飘飘，
一阵北风
撕开了满天的棉花桃！
棉花桃
搂头盖顶往下落啊，
往下落！

好一个快活的农民翻身年呀，
你脚踏北风，
身披鹅毛，
满面红光，
欢天喜地来到了！

奔谁来呀？
奔我来。
——张老好啊，
我知道。

我迎出你大门外，
我迎上你人行道……
啊，耀眼的红灯！
震耳的鞭炮！
啊，东边“吹歌”①响，
西边锣鼓敲！

——这不是你吗？
你放羊的刘大采；
还有你呀，
当“善友”②的孙二嫂；
你，老明——咱农会主席；
你，三成——咱贫农代表；
……

穷哥儿们呀，
好啊，好！
过年好！

——这是咱们的翻身年啊！
盘古开天辟地到如今，
这是头一遭！

①注：“吹歌”，河北民间乐队组织，或作“吹歌会”。
②注：“善友”，地主女仆。

张老好呵，
我笑，我笑！
我哈哈笑！

我笑得那石头咧开了嘴，
我笑得那大树折断了腰，
我笑得那刘三爷门前的旗杆
喀嚓一声栽倒了！

“好子大伯，怎么啦？
疯了？傻了？
怎么一个劲儿地这么笑？”

怎么一个劲儿地这么笑？
孩子们啊，
眼前的这一桩奇景你瞧瞧：

那秋后的作物，
叫人家把根削了，
把皮剥了，
水里浸了，
火里烧了，
沤了，烂了，焦了。

……一年两年过去了。
千年万载过去了。

啊！猛然间，
雷声响！——
天开了，
冰消了！
梦也梦不见的
春天来到了！
眼睁睁地，
它又发了芽，
它又长了苗！
绿油油的叶儿一“扑楞”[1]。
红登登的花儿迎风摇！

——我张老好啊，
受苦受罪的张老好，
啼哭了一辈子的张老好，
水里沤，火里烧，
喘不上气的张老好，
今天啊，翻了身了！

“热到三伏，
冷在中九，

①注：“扑楞”，形容植物枝叶茂盛的状态。

活泼拉拉春打六九头。”
孩子们呵，
到了咱笑的节气了，
到了咱笑的年月了。

看着你，我笑；
看着他，我笑；
看着我的家，我的房；
看着我的锅，我的灶；
看着我一家大和小；
我笑啊，我笑！
我怎么能不笑？

……这一旁，
我的媳妇罗白面：
那一边，
我的老伴把饺子包。
她东间转，西间跑，
搁下担杖拿起筲[①]，
又忙拉风箱，
又忙把火烧，
左手才把笼揭开，
右手又掂切菜刀……
哈哈！看着看着，

① 注：筲，水桶。

我又笑。

老婆子，
我笑的是你呀！
小心点，
别叫热气熏坏了眼，
别叫灶里的火苗烧坏了你那衣裳角！

呃，怎么啦？
谁又惹你不高兴：
平白无故，
你的脸色怎么改变了？
你低下了头，
弯下了腰，
泪珠子怎么又要往下掉？

咳！老娘们呀，别价了，
你思想的事儿我知道。
准又是你那个——
“苦根根呀苦苗苗，
受苦受罪的张老好，
咱给刘三爷扛活三十年，
熬白了头发累折了腰，
卖了‘咱那亲生女，
手提篮儿把饭要，

星星出呀星星落，
做梦也想不到有今朝！”
是的呀，老婆子，
这就是“翻身”呀，
这就是咱们的世道。

唔，小孙子，去，
把咱门上的对子，
给你奶奶念叨念叨，
大声点，告诉她——
“土——地——改——革——
农——民——翻——身——”
告诉她啊，这都是，
咱们共产党来领导！

可是呀，小孙子，
你也别笑话你奶奶啊，
要知道，
难过的日子，
叫你爷爷奶奶受完了，
好过的日子
叫你赶上了！
走吧，跟爷爷出去，
看看咱那才分的十五亩地，

——看看咱那“马兰道”[1]。

“马兰道”呀“马兰道”，
你的主人我来了！
你看我围着你走，
你看我围着你绕，
三百二十单八步，
一十五亩，
分厘也不少。

“马兰道”呀，
你是我的命根子，
有了你，
我从今后日子过得好，
再不怕他活阎王刘三毛！

刘三毛呀，
叫咱扳倒了，
受苦的汉子挺起了腰！

……呃，巧！
可怎么，“说着曹操，
曹操就到？”

① 注：“马兰道”，地块名。

“啊，那不是刘三爷吗？
怎么狐皮风帽也不要了？
羔皮马褂也不罩了？
出门也不吩咐老好把车套了？”

“咳……好子叔……
您别……别逗笑………”

呸！我吐你一口！
你也会“叔”长“叔”短啦？
你改了你那老调啦？
怎么？还想不想叫我给你
磕头下跪，
端屎捧尿？
还想不想再逼我去卖亲生女，
再逼我三尺麻绳去上吊？

——告诉你吧，不行啦！
变了天啦！

你的那“荣华富贵”过去了，
这人们的“光明世界”来到了！

穷哥儿们呀，
时候到了：
该走的走了，

该来的来了。

花到如今——
该开的开了，
该落的落了。

事到如今——
该哭的哭了，
该笑的笑了。

弟兄们呵，
笑吧，笑！
哈哈笑！
让咱们男男女女，
老老少少，
翻了身的穷人一齐笑！

大采，
快把咱街上的红灯点着，
看咱们
“翻身”灯，
“解放”灯，
“胜利”灯，
“光荣”灯……
一盏两盏、千盏万盏一齐照！

三成！
叫咱“吹歌会”的好把式们
好好地吹来好好地闹！
吹出来，
咱们的
“快活”调，
“幸福”调，
“自由”调，
“团圆”调……
一番两番、十番百番，
吹他个红花满地落！

喂！
把咱那大鼓大铙，
也抬出来，
用劲地敲！
咳！把咱那大喇叭筒
也拿出来，
走上广播台，
大嗓地叫！
——普天下的人们呀，
都听着：
天翻了个了，
地打了滚了，

千百万穷汉子站起来了！

——亲爱的毛主席呀，
您听着：
只因为有了您，
咱们的苦罪再也不受了，
幸福的日子来到了！
——什么比海深呵？
什么比天高？
毛主席的恩情比海深呀，
受苦人的力量比天高！
——我们是，
千千万、
万万千，
环结环、
套结套，
紧又紧、
牢又牢，
铁打的长城心一条！

挑起大红旗呵，
吹起震天号！
踢开活地狱呵，
踏上光明道！

消灭他千年老封建，
推翻他蒋介石小王朝，
看咱们：
刨他的根，
挖他的苗！
迎着大狂风，
架起大火烧！

叫他在风里啼哭，
叫他在火里喊叫。
叫他们今天
在咱们脚下死掉！

我们抬头，
我们大笑！
笑啊，笑！
哈哈笑！
千人笑！
万人笑！
笑他个疾风暴雨，
笑他个地动山摇！
笑他个千里冰雪开了冻，
笑他个万里大海起了潮！

1947年2月，冀中束鹿郝家庄

搂草鸡毛[1]

打锣鼓，放鞭炮，
火花钻天好热闹！
张庄街上人挤满，
喇叭筒叫喊闪开了道——
四面锣，四面鼓，
四杆大旗迎风飘，
八个英雄马上坐，
十字披红面带笑。
手挽缰绳挺起胸，
连叫“乡亲们您听着：
参军打老蒋，
咱们把名报！”
“翻身的人们志气高，
咱张庄的小伙子可没落了草鸡毛！”

英雄们说得正带劲，
咳！猛然有人喊“报告”：

① 注：在参军运动中，村村挑战，如甲村未能完成计划，乙村参军青年即集队赴甲村游行示威，谓之“搂草鸡毛”。

“快收锣鼓快卷旗，
这个事情不好了！
光顾咱村闹得好，
王庄的参军糟了糕，
小伙子们耷拉了脑袋泄了气。
到这会一个名字也没报！”

英雄们一听好气恼：
“王庄的人们真算孬！
咱张王二村挑的战，
为什么你们不沾①了？
好！乡亲们，快打马，
咱们到王庄搂搂他的草鸡毛！”

说打马，就打马；
说出发，就出发！
大旗一摆出了村，
人马直奔王庄道——
马尾接马头，
马头接马尾，
尘土滚滚遍地飞！

一阵子好跑没住脚，
眼下王庄来到了。

① 注：不沾，不行之意。

村头道边勒住了马，
冲着街里高声叫：
“王庄的人们出来吧，
叫咱们见识见识草鸡毛！”

这一句话儿还没落音，
忽然村里放鞭炮！
登时街上人挤满，
喇叭筒叫喊闪开了道——
八面鼓，八面锣，
八杆大旗迎风飘，
十六个英雄马上坐，
双十字披红面带笑！

张庄的一看说：“毁了，
这回的草鸡毛大半搂差了……”

王庄的英雄赶上前，
开口就把张庄的叫：
“今天到此有什么事？
听说要搂俺王庄的草鸡毛？”

“哎，对……对不起，闹错了，
兄弟哥们担待着……”
“哼！隔着门缝来看人，
太把俺王庄看扁了。

对着大海你看不见深？
对着高山你看不见高？”

“咳……您别气，您别恼，
俺们给您赔礼了！”
张庄的上前一鞠躬，
王庄的点头还礼哈哈笑。
立时两村人马合一家，
手拉着手儿脚靠着脚；
肩膀头一比一般齐，
大旗一晃一般样的高。
这个说：“咱们翻了身，
参军都把名来报！”
那个说：“提起打老蒋，
谁不是火冒三丈高？”
“咳！翻身的小伙子挺胸站，
谁肯落一个草鸡毛？”

英雄们说得正带劲，
咳，猛然又有人喊“报告”：
“快收锣鼓快卷旗，
这一回实打实的不好了！
光顾咱两村闹得好，
李庄的参军糟了糕，

小伙子们个个都是往后‘捎’[1]，
到这会一个名字也没报！”

两村的英雄一听好气恼：
“李庄的人们真算孬！
刚说都是英雄汉，
一转眼就出了你们这草鸡毛？
咱三村挑的连环战，
就是你们不沾了？
好！乡亲们，快打马，
到李庄搂搂那实打实的草鸡毛！”

说打马，又打马；
说出发，又出发！
大旗一摆出了村，
人马直奔李庄道——
马尾接马头，
马头接马尾，
尘土滚滚遍地飞！

一阵子好跑没住脚，
眼下李庄来到了，
村头道边勒住了马，
冲着街里高声叫：

① 注：“捎”，读去声，后退之意。

“李庄的人们出来吧，
叫咱们见识见识实打实的草鸡毛！”

这一句话儿还没落音，
咳，又听村里放鞭炮！
登时街上人挤满，
喇叭筒叫喊闪开了道。
十二面锣，十二面鼓，
十二杆大旗迎风飘，
二十四个英雄马上坐，
全身披红面带笑。

张王二庄的一看说：“毁了又毁了，
这一回的草鸡毛又叫咱搂差了……”

李庄的英雄赶上前，
开口就把张王二庄叫：
“今天到此有什么事？
听说您两村合伙来搂俺李庄的草鸡毛？”
“哎，对……对不起，又闹错了，
兄弟哥们担待着……”

“哼，隔着筛子眼来看人，
太把俺李庄的看小了！
眼对着太阳你看不见亮？
头顶着青天你看不见高？”

“咳……您别气，您别恼，
俺们给您赔礼了！”
这边的上前一鞠躬，
那边的点头还礼哈哈笑。
立时三村人马合一家，
手拉着手来脚靠着脚：
肩膀头一比一般齐，
大旗一晃一般样的高。
这个说：“翻身得了地，
哪一棵高粱不打苞？”
那个说：“东方天要亮。
是公鸡谁不把名（明）报？”
“咳！抬起头来看一看，
实实在在没有一个草鸡毛！”

英雄们越说越带劲，
一声更比一声高！
哎，哪知道，赶得巧，
又有人截住话头喊“报告”……
“咳！去你的吧，别说了，
又是出了你的什么草鸡毛！
再不听你那一套，
一回一回尽是胡造谣！”

“哎，哥儿们，别蹦套[①]，
这一回您是误会了，
这事情可是大不同，
您手搭凉棚四下里瞧——
东南一片尘土扬，
西北上风刮大旗飘，
看，各路的人马滚滚来，
铺天盖地来到了！”

“什么旗，什么号？
什么枪，什么刀？”
“翻身旗，翻身号！
英雄枪，英雄刀！”

为头的快马一阵风，
进了村口高声叫：
“咳！张王李庄的同志们，
快快打马奔大道！
翻身团[②]里集合了，
各路的英雄都来到！
就差你们三个村，
听说你们闲着没事来搂草鸡毛？
咳，瞎胡闹！
咱们千万人民都是英雄汉，

---

① 注：蹦套，牲口脱开绳套，比喻人发怒。

② 注：翻身团，土地改革后农民参军组成新兵团，改编正规军前暂名翻身团。

哪里去找什么草鸡毛！
同志们：快出发！
快上战场打胜仗，
南京城里去搂那真正的草鸡毛！”

咳！阵阵锣鼓阵阵号，
一阵阵人欢马又叫！
千万英雄上战场，
老蒋兵败如山倒。
胜利的消息传万里，
南京城头红旗笑——
总统府里搜，
英雄脚下扫：
搂着了，搂着了，
这一撮实打实的草鸡毛！
火里扔，水里撩，
撒向东海浪滔滔……
太阳一出喊“报告”：
人民的天下开始了！

1947年3月初稿
1948年7月修改

妈妈的眼睛真明亮

妈妈的眼睛真明亮，
好像两扇玻璃窗，
温暖的阳光照进去，
照见一个小姑娘。

小姑娘，真漂亮，
穿着一身花衣裳。
睁着两眼直看我——
我笑她也笑，
我唱她也唱……

啊，妈妈呀，
这个小姑娘就是我，
——难怪跟我一个样！

好妈妈，不要动，
我还看看后头什么样。
看见了，看见了：
墙上挂的毛主席像；

像底下，
那是爸爸的立功状；
又看见，又看见：
窗户外头石榴花，
一朵一朵正开放……

梦里的旅行

“妈妈呀，我做了一个好梦。
说给你，你一定要听。”

“唔，是什么好梦？
说吧，妈妈要听。”

“……我们二小队决定了一个
伟大的旅行，
要在夜里紧急出动。”

“唔，少先队的伟大旅行，
在梦里紧急出动。”

“……我们爬上北京的一个
雪白雪白的塔尖，
一脚就登上了祖国的最高最高的
山峰。”

“唔，从北海的白塔，
登上了珠穆朗玛峰。”

“……我们看见脚下的一朵朵的金花，
我们看见头上的一颗颗的银钉。”

“唔，看见了祖国的美丽风景，
看见了天上的许多行星。”

“……我们的领巾可怎么都显得太小？
裤脚儿顺着腿向上爬个不停？”

“唔，个子长得好快，
真像是神话里的英雄！”

“……我们的队长发出了一道命令：
马上行动！祝大家成功……”

“唔，一定是了不起的行动，
我也要祝你们成功。”

“……我们分头向天上飞去，
我的目标就是爸爸说的那颗星星。”

“唔，征服宇宙的英雄，
你的目标是火星。”

“……多么好啊。这个妙极了的火星，

爸爸可没有说清这里会是什么情形。”

“唔，你是火星的头一个客人，
谁也还说不准那里的情形。”

“……山啊、水啊、树啊、草啊，都向我瞪大眼睛，
……‘不认识吗？二小队队员？来自北京’。”
“唔，是叫人有些吃惊，
少先队员的伟大旅行。”

“……妈妈呀，我决定在这里做很多事情。
可先要请示一下——队长、妈妈和北京。”

“唔，都在等着你们，
一切的事情要很快地进行。”

“……我发出电报、电话，给火星、木星、水星……
给亲爱的妈妈和亲爱的北京。”

“唔，少先队的电报、电话，
传遍了整个的天空。”

“……嘀嗒嗒嗒、丁零零零……

嘀嗒嗒嗒、丁零零零……”

“唔，电报电话响了很久，
恐怕是没有接通？”

“不，妈妈呀，早已接通了，
我已经给你说了半天话，报告了一切情形。”

“唔，你已经从火星上回来，
床头上的小闹钟先来欢迎。”
“……谢谢妈妈，听完我的报告，
请您指示吧，关于这次旅行……”

“太好了。太好的旅行。太好的梦。
我庆祝你们第一次试探的成功……”

“那么现在，快吃早饭，扎好领巾，
正式出发吧——
早晨第一节课是算术——‘鸡兔同笼’……”

“报告给我一个五分，再一个五分吧，
好像是火星上来的电报响个不停……”

“我希望你们在远征的路上一帆风顺，
成长吧，未来的征服宇宙的英雄！”

风　筝

啊，我的多么好、多么好的风筝，
飞上了多么高、多么高的天空！

是什么在你的翅膀上闪亮？
——是春天的阳光。
是什么把你的响笛儿吹动？
——是春天的风。

喂，把你的眼睛睁大吧，睁大，
你可看见了什么？
喂，把你的嗓子放大吧，放大，
你在歌唱些什么？

——啊，
望不到边的土地呀，
桃花、桃花、桃花……
望不到边的大海呀，
浪花、浪花、浪花……
望不到边的蓝天呀，

白云、白云、白云……
望不到边的工厂呀，
烟云、烟云、烟云……

——啊，亲爱的祖国，多么好！
风筝啊，你什么都看见了。
你飞吧，飞吧，飞得更高。
你牵着我手里的线，
牵呀，牵呀，我的心也叫你牵走了。

喂，风筝，告诉我吧，告诉我：
在浪花卷着桃花的海边，
你可看见，
英雄们的眼睛亮闪闪？
那是解放军在保卫亲爱的祖国，
啊，我的爸爸就在那英雄的行列中间。

亲爱的爸爸呀，多么好！
风筝呀，你可看见了。
你飞吧，飞吧，飞得更高。
你牵着我手里的线，
牵呀，牵呀，我的心也叫你牵走了。

喂，风筝，告诉我吧，告诉我：
在白云卷着烟云的厂房，
你可看见，

英雄们的眼睛闪闪亮？
那是工人们在建设亲爱的祖国。
啊，我的妈妈正工作在织布机旁。

亲爱的妈妈呀。多么好！
风筝呀，你可看见了。
你飞吧，飞吧，飞得更高。
你牵着我手里的线，
牵呀，牵呀，我的心也叫你牵走了。

啊，我的多么好、多么好的风筝。
啊，飞上了多么高、多么高的天空！
祖国的天空呀，
有多么好、多么好的太阳，
祖国的土地呀，
有多么好、多么好的春风……

1956 年 4 月

放声歌唱

一

无边的大海波涛汹涌……
啊，无边的
　　大海
　　　波涛
　　　　汹涌——
生活的浪花在滚滚沸腾……
啊，生活的
　　浪花
　　　在滚滚
　　　　沸腾！
啊啊！是何等壮丽的景象——
我们祖国的
　　万花盛开的
　　　　大地，
　　光华灿烂的
　　　　大空！
你，在每一大，

在每一秒钟，
都展现在
我的眼前
和我的
心中。
我的心
合着
马达的轰响，
和青年突击队的
脚步声，
是这样
剧烈地
跳动！
我
被那
钢铁的火焰，
和少先队的领巾，
照耀得
满身通红！
汽笛
和牧笛
合奏着，
伴送我
和列车一起
穿过深山、隧洞；

螺旋桨
　　和白云
　　　　环舞着，
　　伴送我
　　　　和飞机一起
　　　　　　飞上高空。
……我看见
　　　　星光
　　　　　　和灯光
　　　　　　　　联欢在黑夜；
我看见
　　朝霞
　　　　和卷扬机
　　　　　　在装扮着
　　　　　　　　黎明。
春天了。
　　又一个春天。
黎明了。
　　又一个黎明。
啊，我们共和国的
　　　　万丈高楼
　　　　　　站起来！
它，加高了
　　一层——
　　　　又一层！

来！我挽着
　　你的手，
你挽着
　　我的胳膊，
在我们
如花似锦的
道路上，
前进啊
一程——
又一程！
在每一平方公尺的
　　土壤里，
　　　　都写着：
　　我们的
　　　　劳动
　　　　　　和创造；
在每一立方公分的
　　空气里，
　　　　都装满
　　我们的
　　　　欢乐
　　　　　　和爱情。
社会主义的
　　美酒啊，
　　　　浸透

我们的每一个
细胞，
和每一根
神经。
把一连串的
美梦
都变成
现实，
而梦想的翅膀
又驾着我们
更快地
飞腾……
啊，多么好！
我们的生活，
我们的祖国；
啊，多么好！
我们的时代，
我们的人生！
让我们
放声
歌唱吧！
大声些，
大声，
大声！
把笔

变成
千丈长虹，
好描绘
我们时代的
多彩的
面容，
让万声雷鸣
在胸中滚动，
好唱出
赞美祖国的
歌声！

二

但是，
在我们
万花起舞的
花园里，
我看见
花瓣
在飘洒着
露水；
在我们
万人狂欢的
人海里，
我看见

那些睫毛的下面
流下了
眼泪……
啊，我知道——
最久的
最深的痛苦，
常常是
无声的饮泣。
而最初的
最大的
欢乐，
一定有
甜蜜的泪水
伴随！
“……啊，这是怎么回事？
这是谁？——
是他？
是我？
还是你？
……这是在哪里？
在我的家？
我的街道？
在我们自己的
土地？……”
是什么样的神明

施展了
这样的魔力，
生活啊
怎么会来得
这样神奇？——
长安街的
夜景啊
怎么竟这样迷人？
大兴安岭的
林场啊
怎么竟如此美丽？
一片汪洋的
淮河两岸
怎么会
万顷麦浪？
百里无人的
不毛之地
怎么会
烟囱林立？
为什么
沙漠
大敞胸怀
喷出
黑色的琼浆？
为什么

荒山
高举手臂
奉献出
万颗宝石？
啊，我的曾是贫困而孤独的
乡村，
今夜
为什么
笑语喧哗？
我的曾是满含忧愁的
城镇，
为什么
灯火辉煌
彻夜不息？
为什么
那放牛的孩子，
此刻
会坐在研究室里
写着
他的科学论文？
为什么
那被出卖了的童养媳，
今天
会神采飞扬地
驾驶着

她的拖拉机?
怎么会
在村头的树荫下,
那少年漂泊者
和省委书记
一起
讨论着
关于诗的问题?
怎么会
在怀仁堂里
那老年的庄稼汉
和政治局委员们
一起
研究着
关于五年计划的
决议?
甘薯啊,
为什么这样大?
苹果啊,
为什么这样甜?
爱人啊,
为什么这样欢欣?
孩子啊,
为什么这样美丽?……
啊,第一声

由衷的
笑语，
第一口
甘美的
乳汁，
啊，第一次
走上
天安门的台阶，
第一次
跨进
青年作者的选集，
第一架
自己的喷气式飞机
在天空歌唱，
第一辆
解放牌汽车
在道路上奔驶……
啊！我们
生命的
彩笔。
蘸着欢乐的
泪水，
在我们的自传
和我们祖国历史的
纸页上，

写着的
是千万个：
“第一……
“第一……
“第一……”
而你啊，
“命运”姑娘，
你对我们
曾是那样的残酷无情，
但是，今天
你突然
目光一转，
就这样热烈地
爱上了我们，
而我们
也爱上了你！
而你啊，
“历史”同志，
你曾是
满身伤痕、
泪水、
血迹……
今天，我们使你
这样地骄傲！
我们给你披上了

绣满鲜花、
挂满奖章的
新衣！
但是，
为什么？
为什么？
为什么？
为什么会这样？
回答吧，
这个问题。
当然，
这并不是
什么难题，
答案，
就在这里——
就是
他！
我！
和你！
“人民”——
我们壮丽的
英雄的
名字！
在中国的
神话般的

国度里，
创造一切的
神明
正是
我们自己！
但是，
在我们心脏的
炉火中，
在我们血管的
激流里，
燃烧着、
沸腾着的，
却有一个共同的
最珍贵的
元素，
我们生命的
永恒的
活力——
这就是：
党！
我们的党！
党的
血液，
党的
脉搏，

党的
　　旗帜，
党的
　　火炬！——
党，
　　使我们这样地
　　　　变成巨人！
党，
　　带领我们
　　　　这样地
　　　　　　创造了奇迹！
读吧，
　　念吧，
　　　　背诵吧！——
在我们辽阔的大地上
　　铭刻着的
　　　　就是这个
　　　　　　真理，
在我们伟大人生的
　　怀抱里。
　　　　隐藏着的
　　　　　　就是这个
　　　　　　　　秘密！

三

……春风。

秋雨。
晨雾。
夕阳。……
……轰轰的
车轮声。
踏踏的
脚步响。……
啊，《人代会决议》，
和新中国地图
在我手中，
党员介绍信
紧贴着
我的胸膛。
我走进农村。
我走进工厂。
我走向黄河。
我走向长江。……
五月——
麦浪。
八月——
海浪。

桃花——
南方。
雪花——

北方。……

我走遍了

我广大祖国的

每一个地方——

呵，每一个地方的

我的

每一个

故乡！

……在高压线

飞过的

长城脚下。

在联合收割机

滚动着的

大雁塔旁，

在长江大桥头的

黄鹤楼上，

在宝成铁路边的

古栈道旁……

我看见

你们——

我们古代的诗人们！

你们正站在云端

向我们

眺望。

在我们的合唱声中，

传来
你们的惊叹声，
在我们的工作服上，
投下
你们羡慕的眼光……
呵，我熟读过你们的
《登幽州台歌》
《茅屋为秋风所破歌》……
那无数美妙的
诗章。
但是，
面向你们，
我
如此地骄傲！
我要说：
我们的合唱
比你们的歌声
响亮！
啊啊……“前不见古人”……
但是，
后——有——来——者！
莫要
“念天地之悠悠”吧，
莫要
“独怆然而涕下”……

“君不见”——
“广厦千万间”
已出现在
祖国的
“四野八荒”！
啊，我们的前辈古人，
希望啊，
希望，
希望，
梦想啊，
梦想，
梦想……
而你们何曾想见
今日的祖国
是这样的
灿烂辉煌！
你们的千万支神来之笔啊
怎么能写出
我们时代的
社会主义的
锦绣文章？！
“语不惊人死不休”——
又向哪里
去找
这最壮丽的语句——

"党！"
"我们的党！"
党啊——
我们祖国的
青春
和光荣，
党啊——
我们社会主义事业的
信心
和力量！……
啊！我走进
我的支部。
我走进
我的厂房。
我打开
星光灿烂的
《毛泽东选集》，
我登上
"红旗漫卷西风"的
山岗。
我踏着
工农红军的
二万五千里足迹，
我翻过
党的伟大史诗——

千山万岭的篇章……
从第一个
共产主义小组，
到今天的
我的支部——
我们的党员名单
是何等壮丽的
英雄榜！
我们党的心
和六万万人民的心
结成的联盟，
是何等伟大的
铁壁铜墙！
我听见：
我们的大地上
卷起的
入党宣誓的
不息的风暴！
我看见：
千万双手
举起的
入党申请书的
海洋！——
“啊！我们依照
先烈的榜样，

为实现
共产主义的理想，
让我们
把一切
献给
亲爱的祖国吧！
让我们
把一切
献给
亲爱的党！……”
啊，今天——
我们亲爱的党
三十五周岁的
诞辰——
“七一”！
伟大的共和国纪元后的
第七个
“七一”！——
我们又该怎样
十倍地欢呼呵，
百倍地
歌唱？！
但是，
并没有举行
盛大的纪念，

并没有
雷动的掌声、
手臂的森林
出现在
会场、广场。
……在中南海，
那一张
朴素的写字台旁，
毛泽东同志
正在起草
党的第八次大会的开幕词，
在国务院，
第二个五年计划的建议书上
正凝结着
并肩的人影
和午夜的灯光。
在统战部，
党的代表
正和朋友们一起，
倾谈：“长期共存，
互相监督”；
在科学艺术大厅，
党的语言
正像春雷一样
唤起：

"百家争鸣",
正像春风一样
吹开:
"百花齐放"!……
啊!在千万个
矿井
和织布机旁,
煤炭
和布匹的
洪流,
又在突破
定额的
水位;
在千万顷
稻田
和麦地里,
早稻
和新麦的
行列,
正千军万马
奔向
粮仓!……
啊啊,正是这样!
在节日里,
我们的党

没有
在酒杯和鲜花的包围中，
醉意沉沉。
党，
正挥汗如雨！
工作着——
在共和国大厦的
建筑架上！
啊，正是这样！
党的伟大纪念日，
像共和国的
每一个工作日
一样地
忙碌、紧张。
但是，
在我们忙碌、紧张的
每一个工作日里，
难道我们不是
每时每刻
在纪念着
我们的党？！
啊，我们共和国的
每一个形象里，
每时每刻
都在显现着——

　　　　　　　党的
　　　　　　　　　历史，
　　　　　　　党的
　　　　　　　　　光荣，
　　　都在活跃着——
　　　　　党的
　　　　　　　思想，
　　　　　党的
　　　　　　　力量。
你听。
　　　你听！——
省港大罢工的
　　　呼号声，
　　　　　在我们的
　　　　　　　鼓风炉里
　　　　　　　　　正呼呼作响，
你看
　　　你看！——
南昌起义的
　　　鲜血
　　　　　在我们的
　　　　　　　炼钢炉中
　　　　　　　　　正滚滚跳荡！
啊，在农业合作社的
　　　麦场上，

正飘扬着
秋收起义的
不朽的红旗!
在基本建设的
工地上,
正闪耀着
延安窑洞的
不灭的灯光! ……
啊! 井冈山——
宝塔山!
——我们稳固的基石,
老红军——
老八路!
——我们的钢骨铁梁!
这就是
我们共和国大厦的
质量的保证!
这就是
为什么
我们的万丈高楼
会这样地
坚强雄伟
——青云直上!
让科学的最新成就——
示踪原子

来检验
我们的工程吧！
让历史上
我们前辈的奠基者
和后辈的验收员们
来品评我们——
给我们应得的
鉴定
和赞扬！……
啊，请我们光荣的祖先
登上
我们万丈高楼的
楼梯，
让老人家说：
“我们值得骄傲的子孙！
给我们看到了
我们梦想不到的
美好生活……”
啊，请我们革命的先烈
巡视
我们的大地，
让他们说：
“我们的鲜血得到了报偿。
后来的同志们
在实现

我们的理想……”
啊，请伟大的马克思、列宁
走上
我们党代表大会的
主席台，
让导师们说：
“我们的预言实现了。
社会主义的曙光
已出现在东方！”
啊，请未来世纪的公民们
聚集在
我们建设的蓝图上，
让孩子们说：
“我们的生活更美丽，
但是，
毛泽东同志工作的
那个时代，
给我们开辟的道路
已经是
那样宽广！……”
啊！公民们！
同志们！
我们的生命
就是活在
这样的时代！

我们的双脚
　　就是踏在
　　　　这样的道路上！
世上
　　还有什么
　　　　更大的
　　　　　　欢乐
　　　　　　　　和骄傲？！
世上
　　还有什么
　　　　更大的
　　　　　　光荣
　　　　　　　　和力量？！——
“我，
　　中国共产党党员。”
“我，
　　中华人民共和国公民。”
“我，
　　社会主义事业的
　　　　建设者。”
“我，
　　毛泽东同志的
　　　　同时代人。”
啊！假如我有
　　　　一百个大脑啊，

我就献给你
　　一百个：
假如我有
　　一千双手啊，
我就献给你
　　一千双；
假如我有
　　一万张口啊，
我就用
　　一万张口
　　　　齐声歌唱！——
歌唱我们
　　伟大的
　　　　壮丽的
　　　　　　新生的
　　　　　　　　祖国！
歌唱我们
　　伟大的
　　　　光荣的
　　　　　　正确的
　　　　　　　　党！！

四

而现在，
在我的

献给祖国、
献给党的
诗篇里，
我要来歌唱，
关于：
我——
我自己。
啊，
“我”，
是谁？
我啊，
在哪里？
……一望无际的海洋，
海洋里的
一个小小的水滴，
一望无际的田野，
田野里的
一颗小小的谷粒……
——我啊，
一个人
有什么
意义？
为什么
要把我自己
提起？

……一个寒冷的黑夜。
在一间
漆黑的
茅屋里：
一块残缺的
炕席，
一床破烂的
棉絮——
我，
生下来了……
我的
第一声
呼喊，
唤起
母亲的
连声叹息：
“天呵！
叫我怎么养活呵——
这个可怜的小东西？……”

……在一片荒凉的土地上。
一个
可怕的
天气！
刮着

大风，
下着
大雨。
我，
奔跑着，
奔跑着……
跌倒在
泥水里，
怎么
也爬不起……
我的慌乱的眼光，
迎着
父亲的
严厉呵斥：
“看你！就是这个样子！
命里注定：
一辈子不会有
什么出息！……”

啊！我亲爱的母亲！
现在，
我已经
三十二岁。
父亲呵，
你看！

我
站在
这里！——
在这
镰刀锤头和五星
交相辉映的
旗帜下，
在我们亿万人
肩并肩、臂挽臂
前进的
行列里！
我啊
在党的怀抱中
长大成人，
我的
鲜红的生命
写在这
鲜红旗帜的
皱褶里。
祖国啊，
你给我
无比光荣的名字：
“公——民”，
党啊，
你给我

至高无上的称号：
"同——志"！
我的工作：
为祖国
劳动
和歌唱。
我的誓词：
"为共产主义
奋斗
到底！"

啊，在党委组织部的
档案袋中，
我的眼睛
正闪闪发光，
在人民共和国的
公民簿上，
我的头
正高高地
昂起！
我啊，
和我们的
毛主席
一起
呼吸，

我啊，
和我的同志们
一起攀登
共和国大厦的
阶梯。
在祖国
千里江山的
画图中，
有
我的身影！
在万里晴空的
明镜里，
映照出：
我面前的道路，
是
这样的
壮丽！……

啊，也许
白发的积雪
将会淹没
我的头顶，
也许
岁月的河流
将会冲去

我许多的记忆，
但是，我
永远地
永远地
不会衰老，
因为，你——
党啊
永远地……
永远地
在我心里！

我的少年先锋队的孩子们啊，
让你们的红领巾
飘拂着
远航的白帆，
千百次地
从我的眼前
闪过吧！
我祝福你们，
但是，
并不叹息——
说在我的
少年流浪的
道路上，
有多少回

饥渴、
眼泪、
伤寒、
疟疾……
我的共青团员兄弟们啊，
让你们的
显微镜片
和毕业证书，
千百次地
在我的面前
闪耀吧！
我羡慕你们，
可是，
并不妒忌……

啊！……
在那座
倒塌的文昌庙
隐蔽的
角落里，
我，
和我的小伙伴们，
躲过
三青团的
狗眼，

在传递着
传递着
我们的
"火炬"——
啊，我的
《新华日报》[1]，
我的
《大众哲学》[2]，
我的
《解放周刊》[3]，
我的
《活跃的肤施》[4]！……
——"决定吧？！"
——"决定了！！"
"我们
到'那边'去！——
到
我——们——的
延——安——"
啊，我的共和国的千百万母亲啊。
在每一分钟内，
有多少个婴儿

①注：《新华日报》，当时党在国民党统治区出版的机关报。

②注：《大众哲学》，艾思奇著。

③注：《解放周刊》，当时出版的党刊。

④注：《活跃的肤施》，当时流行的报道延安的小册子。肤施，即延安。

诞生在
你们的怀抱里！
而我的
真正的生命，
就从
这里
开始——
在我亲爱的
延河边，
在这黄土高原的
窑洞里！
啊，我睁开
初生婴儿的眼睛，
推开
窑门——
“同志，请问：
干部处
是不是
在这里？”
“啊，欢迎你，
小鬼！
到延安来
参加革命……
好。
在这张登记表上

写上吧，
你的名字、
履历。
一会儿，
到管理员同志那里
去领
你的碗筷。
你的军装
要‘三号’的，
——唔，不过裤脚
还得卷起……”

啊！现在，我的祖国啊，
你把千金的重担
千百次地
放在我的肩头吧，
我要说：
我能够
担得起！
即使有
再凶恶的病毒
向我扑来，
也不会
把我
摧毁！

因为
我是吃了
延安的小米饭
长大的啊，
我喝过了
流过枣园和杨家岭的①
延河的
奶汁！……

啊，现在，
我的老同志！
我听见：
你的声音
又从山沟里
响起来——
“同志们！
日本人又在敌后
抢粮了……
边区周围，
胡宗南
又增加了兵力——
是的，咱们的粮食，
又有些困难，
从今大起，

① 注：枣园，延安时代党中央书记处所在地；杨家岭，当时党中央委员会所在地。

我们要吃
稀的。
不过，这点困难，
‘呀呀唔’哟[1]，
——比起我们
在雪山、草地……
……倒是你，
顶得住吗？
小鬼？”
——啊！
——我！
“我吗？
我保证：
没有问题！”
“好！把我的这半碗，
分给你。
吃饱吧！
饭后，
我们要开
五垧荒地！
注意，手别打泡。
准备好
笔记。
下午的课——

①注：“呀呀唔”，当时老红军干部的口头语，意即小意思，不值一谈。

毛主席的

《中国革命战争的战略问题》……”

啊，我的欢乐的大地！

现在，

在你的白天，

响起

多少美妙的歌声，

在你的夜晚，

有多少幸福的小公民，

睡在

温暖的摇篮里！

让我

也给我的小女儿

唱起催眠歌来吧……

但是，我

怎么能不

又回到

延河边的

那些夜里？——

啊！好冷！

可是，

又多么的

甜蜜！……

杨家岭的灯火啊，

在风雪中
闪亮，
闪亮……
风，
卷着刮断的冰柱，
正向
这里的门窗
敲击。
啊，用口里的热气
呵着
笔尖，
在工作着！
他啊——
我们的
毛主席！……
而我，
和我的同志们
睡在
我们的窑洞里。
一个黑影，
走进来——
悄悄地
悄悄地……
伸向我
他的冰冷的

手指。
"唔，是你！"
——我们的
教员同志：
"怎么，又冻醒了吧？"
"不，不是……
……我是在想，
在想。
小组会的讨论：
关于
克服
非无产阶级的意识……
还有，
我，
想写
一首诗……"
"但是，小鬼，
你要睡觉啊！
给你这个，
——我的这件
破大衣。
这样捆起来，
非常暖和。
这办法，
是我在监狱里

发明的，
现在，
我教给你……
……好……睡吧。
躺进去。
合上眼皮。
马上，
你就会走进
走进
——‘社会主义’……”
啊！现在，
在我的眼前——
出现了！
天——安——门
你啊
在这里！……
共和国的
惊天动地的
礼炮，
响起来！
响起来！
五彩缤纷的
礼花，
高高地
升起！

升起！……
在我们
浩浩荡荡的
欢腾的
人海里，
我，
走来了，
打着我的
红旗！……
“啊，去吧，
我的孩子！
我的战士！
北京，
在等候你……”
我的母亲——延安，
把十三斤半的背包，
放在
我的肩头，
把马兰纸的
《整风文献》
和《七大决议》，
放在
我的口袋里：
“是的，任务
非常艰巨，

但是，你们将在
　　那里
　　　　胜利会师。
代我问候
　　我日夜想念的
　　　　天安门吧，
告诉她说
　　你们是
　　　　延安来的！”——
啊，我就是
　　这样地来了，
　　在母亲延安
　　　　踮脚远望的
　　　　　　目光里……

啊，黄河的怒涛，
　　　　是怎样地
　　　　　　冲击着
　　　　　　　　我的胸膛！……
啊，张家口的烟火。
　　　　是怎样地
　　　　　　烧红
　　　　　　　　我愤怒的眼睛！……
啊，大平原的
　　清算、土改的风暴，

是怎样地
卷起
我沸腾的血液！
啊，华北战场的
枪林弹雨，
是怎样地
撕碎
我层层的军衣！……
啊啊！我就是这样地
来了！
和我的同志们，
从四面八方
从各个战场，
我们相逢
在这里！
让我们
用胜利者的手臂，
搂抱得
更紧些，
更紧些呵！
让眼泪的喜雨
湿透我们的
这第一套
节日的新衣！
啊，让你的

沾满尘沙的皱纹
在这欢呼的潮水中
飘荡吧，
让我的
早生的白发，
扑打
这胜利的红旗！……
但是，现在——
我的老战友们啊！
我们不能
在昆明湖的画舫里
谈笑得太久；
我的红领巾们啊，
我不能
在回音壁下，
再一次
向你们讲说
我过去的回忆！
就在我们
呼吸着的
现在——
这
一秒钟里，
啊，我们革命的战马，
在社会主义的征途上

又

远去千里！

——从雅鲁藏布江边的“林卡”，

到萝北草原的荒地，

有多少消息

报告着：

“完成……”

“完成……”

而我们的千万种计划书呵，

又伸出手来，

指着

我们的大地——

向我们

千呼万唤：

“开始呵！

开始！……”

啊，我的

新鲜的

活跃的

忙碌的

生命！

饱饮

共和国每一个早晨的

露珠，

沾满
我们的新麦
和原油的
香气，
我啊
前进，
前进！
永不停息。
啊，我知道：
我们共和国的道路
并不是
一马平川，
面前，
还有望不断的
千沟万壑，
头上，
还会有
不测的
风雨……
迎接我的啊
还有无数
新的
考验，
而灰尘
和毒菌

还会向我
偷袭。
但是，我亲爱的党啊！
请你相信——
你曾经
怎样地
带领我
走过来的，
我仍会
怎样地
跟随你
走向
前去！
啊！让延河的水
在我的血管里
永远
奔流吧！
让宝塔山下的
我的誓言
永远活在
我的骨髓里！
我们的未来时代啊，
请你把我
用“延安人”的名义，
列入

我们队伍的
名单里！
你将会证明
我——
祖国和党的
一个普通的儿子，
一个渺小的
“我自己”，
在这里
有着
何等的意义！
啊！让我
高举
献给祖国、
献给党的
诗篇，
走向
亿万人的
心里……
从亿万人的
口中——
赞美我们
亿万个
“我自己”——
啊，我！

我的——
我们，
我们的——
啊！我。
——是这样地
和谐
统一！
这是党
为我们创造的
不朽的
生命，
是祖国大地的
无敌的
威力！
啊！
未来的世界，
就在
我的
手里！
在
我——们——的
手里！

五

啊！我亲爱的

祖国！
啊！我亲爱的
党！
我就是这样
献给你
我的歌声，
我就是这样
加入
我们时代的
合唱。
杨家岭礼堂的声音
永远在
耳边回响，
我的心
紧贴着
天安门的红墙……
啊，给你——
我们心中的
熊熊烈火；
啊，给你——
我们血管里
燃烧的岩浆；
给你——
我们生命的
滚滚黄河；
给你——

我们青春的
　　浩浩长江……
但是，
在语言的波涛中，
　　最好的一滴
　　　　献给你呵——
“明天！”
　　——啊，我们的祖国。
“明天！”
　　——啊，我们的党！
我们
　　高举
　　　　你光荣的
　　　　　　旗帜，
前进，
　　在社会主义——共产主义的
　　　　大路上！
让我们
　　踏破
　　　　未来年代的
　　　　　　每一道
　　　　　　　　门槛吧，
让我们
　　推醒
　　　　一九五七年——
　　　　　　沉睡的

朝阳！
——啊，今天
多么美丽！
多么好！
但是，
这
还不够！
明天呵，
必须
那样！
啊，我们——
共和国的建设者！
让我们
更快地
为我们的大地
更换新装！
啊，我们——
共和国的保卫者，
让我们的臂膀
更加有力，
让我们警惕的眼睛
更加明亮，
守卫着呵——
我们的
边疆
和道路，

天空
和海洋！
让我们社会主义的
大鹏鸟，
风云万里
振翅飞翔！
啊！更快地
更快地
成长起来——
我们的
钢铁
和石油的
基地，
更快地
更快地
打开啊，
我们大地的
无尽宝藏！
啊，让我们的
辽阔的
田野，
更好地
扬花吐穗，
让我们
科学和智慧的
星群，

发出
更灿烂的光芒！
让我们的
五年计划，
再一个
五年计划，
跟踪而来，
让我们的
生产进度表，
万箭齐发——
那红色的箭头
射向
更远的前方！
来吧！
远方的客人——
你们：
一九五九、
一九七九……
请登上
天安门
观礼台，
请坐在
我们党委会的
旁听席上——
看吧，惊奇吧！
我们

将会这样
神速地
越过
你们居住的地方！
来吧！
世界各地的
朋友们！
请你们
访问
我们的：
井冈山、
宝塔山
和天安门吧，
请你们
访问
你们要去的地方……
看吧！评论吧！
这就是
我们
革命的
道路，
这就是
我们
前进的
力量！
这就是

我们——
中国！
啊！这就是
我们的
党！
就是这样，
我们六亿五千万人的
革命大军
在前进，
就是这样，
用我们的双手
在实现
我们的理想！
啊啊！——
让我们
更响亮地
歌唱吧！
让我们的歌声
飞向
今天和明天
世界上的
一切地方！
胜利啊——
人民！
胜利啊——
社会主义！

胜利啊——

　　我们伟大的

　　　　祖国！

胜利啊——

　　领导我们前进的

　　　　党——！

1956年6月—8月，北京

中流砥柱[①]

一

啊，不是怀古。
我来三门峡，
　　脚踏禹王跃马处。
看黄水滚滚，
　　听钻机突突。
使我
　　满眶
　　　　热泪陡涨，
　　周身
　　　　血沸千度！
啊啊！
三门峡上——
　　紧握
　　　　开天辟地
　　　　　　英雄手臂，
三门峡下——

① 注：三门峡下，河心急流中，有巨石矗立，即为自古传说之“中流砥柱”。

见万古不移
　　中流砥柱！

二

啊，古往何处？
急流万马来，
　　往古英雄计无数：
看漫天烽火，
　　听动地鼙鼓。
遥指
　　长城
　　　　千里揭竿……
　　井冈
　　　　红旗飞舞！
啊啊！
古往今来——
　　多少
　　　　惊风破浪
　　　　　　英雄人物，
黄河中流——
　　竖万古不朽
　　　　民族脊骨！

三

啊，今日非古！

红旗下井冈，
　　一改江山古画图！
　　　　看黄河新妆，
　　　　　　听雷霆脚步！
我唤
　　古人
　　　　梦中惊起：
　　长叹
　　　　英雄不如！
啊啊！
　　五千年来——
　　　　谁见
　　　　　　工人阶级
　　　　　　　　天工神斧？！
万里一呼——
　　为社会主义
　　　　立擎天柱！

1958年3月

桂林山水歌

云中的神啊，雾中的仙，
神姿仙态桂林的山！

情一样深啊，梦一样美，
如情似梦漓江的水！

水几重啊，山几重？
水绕山环桂林城……

是山城啊，是水城？
都在青山绿水中……

啊！此山此水入胸怀，
此时此身何处来？

……黄河的浪涛塞外的风，
此来关山千万重。

马鞍上梦见沙盘上画：

“桂林山水甲天下”……

啊！是梦境呵，是仙境？
此时身在独秀峰[①]！

心是醉啊，还是醒？
水迎山接入画屏！

画中画——漓江照我身千影，
歌中歌——山山应我响回声……

招手相问老人山[②]，
云罩江山几万年？

——伏波山下还珠洞[③]，
宝珠久等叩门声……

鸡笼山一唱屏风开，
绿水白帆红旗来！

大地的愁容春雨洗，
请看穿山明镜里[④]——

① 注：独秀峰，在桂林市中心。孤峰一柱，拔地而起。
② 注：老人山，及下文中的鸡笼山、屏风山，均在桂林市区，因状得名。
③ 注：还珠洞，有老龙谢情还珠神话，本诗转意借用。
④ 注：穿山，在桂林市南郊。峰顶有巨大圆形洞口，洞穿露天，状似明镜高悬。

啊！桂林的山来漓江的水——
祖国的笑容这样美！

桂林山水人胸襟，
此景此情战士的心——

是诗情啊，是爱情，
都在漓江春水中！

三花酒[1]兑一滴漓江水，
祖国啊，对你的爱情百年醉……

江山多娇人多情，
使我白发永不生！

对此江山人自豪，
使我青春永不老！

七星岩[2]去赴神仙会。
招呼刘三姐啊打从天上回……

人间天上大路开，
要唱新歌随我来！

---

①注：三花酒，桂林名酒。

②注：七星岩，桂林最著名的岩洞之一。传说歌仙刘三姐在此洞中塞歌，后化石成仙。

三姐的山歌十万八千箩，
战士啊，指点江山唱祖国……

红旗万梭织锦绣，
海北天南一望收！

塞外的风沙啊黄河的浪，
春光万里到故乡。
红旗下：少年英雄遍地生——
望不尽：千姿万态“独秀峰”！

——意满怀呵，情满胸，
恰似漓江春水浓！

啊！汗雨挥洒彩笔画：
桂林山水——满天下！……

1959年7月，旧稿
1961年8月，整理

西去列车的窗口

在九曲黄河的上游，
在西去列车的窗口……

是大西北一个平静的夏夜，
是高原上月在中天的时候。

一站站灯火扑来，像流萤飞走，
一重重山岭闪过，似浪涛奔流……

此刻，满车歌声已经停歇，
婴儿在母亲怀中已经睡熟。

在这样的路上，这样的时候，
在这一节车厢，这一个窗口——

你可曾看见：那些年轻人闪亮的眼睛
在遥望六盘山高耸的峰头？

你可曾想见：那些年轻人火热的胸口
在渴念人生路上第一个战斗？

你可曾听到啊，在车厢里：
仿佛响起井冈山拂晓攻击的怒吼？
你可曾望到啊，灯光下：
好像举起南泥湾披荆斩棘的镢头？

啊，大西北这个平静的夏夜。
啊，西去列车这不平静的窗口！

一群青年人的肩紧靠着一个壮年人的肩，
看多少双手久久地拉着这双手……

他们啊，打从哪里来？又往哪里走？
他们属于哪个家庭？是什么样的亲友？

他啊，塔里木垦区派出的带队人——
三五九旅的老战士、南泥湾的突击手。

他们，上海青年参加边疆建设的大队——
军垦农场即将报到的新战友。

几天前，第一次相见——
是在霓虹灯下，那红旗飘扬的街头。

几天后，并肩拉手——
在西去列车上，这不平静的窗口。

从第一天，老战士看到你们啊——
那些激动的面孔、那些高举的拳头……

从第一天，年轻人看到你啊——
旧军帽下根根白发、臂膀上道道伤口……

啊，大渡河的流水啊，流进了扬子江口，
沸腾的热血啊，汇流在几代人心头！

你讲的第一个故事："当我参加红军那天"；
你们的第一张决心书："当祖国需要的时候……"

"啊，指导员牺牲前告诉我：
'想到啊——十年后……百年后……'"

"啊，我们对母亲说：
'我们——永远、永远跟党走！……'"

第一声汽笛响了，告别欢送的人流。
收回挥动的手臂啊，紧攀住老战士肩头。

第一个旅途之夜，你把铺位安排就。
悄悄打开针线包啊，给“新兵们”缝缀衣扣……

啊！是这样的家庭啊，这样的骨肉！
是这样的老战士啊，这样的新战友！

啊，祖国的万里江山！……
啊，革命的滚滚洪流！……

一路上，扬旗起落——
苏州……郑州……兰州……

一路上，倾心交谈——
人生……革命……战斗……

而现在，是出发的第几个夜晚了呢？
今晚的谈话又是这样久、这样久……

看飞奔的列车，已驶过古长城的垛口，
窗外明月，照耀着积雪的祁连山头……

但是，“接着讲吧，接着讲吧！
那杆血染的红旗以后怎么样啊，以后？”

“说下去吧，说下去吧！

那把汗浸的镢头开啊、开到什么时候？”

“以后，以后……那红旗啊——
红旗插上了天安门的城楼……”

“以后，以后……那南泥湾的镢头啊——
开出今天沙漠上第一块绿洲……”

啊，祖国的万里江山！……
啊，革命的滚滚洪流！……

“现在，红旗和镢头，已传到你们的手。
现在，荒原上的新战役，正把你们等候！”

看，老战士从座位上站起——
月光和灯光，照亮他展开的眉头……

看，青年们一起拥向窗前——
头一阵大漠的风尘，翻卷起他们新装的衣袖！

……但是现在，已经到必须休息的时候，
老战士命令：“各小队保证，一定睡够！”
立即，车厢里平静下来……
窗帘拉紧。灯光减弱。人声顿收。……

但是，年轻人的心啊，怎么能够平静？
——在这样的路上，在这样的时候！

是的，怎么能够平静啊，在老战士的心头，
——是这样的列车，是这样的窗口！

看那是谁？猛然翻身把日记本打开，
在暗中，大字默写："开始了——战斗！"

那又是谁啊？刚一入梦就连声高呼：
"我来了！我来了！——决不退后！……"

啊，老战士轻轻地走过每个铺位，
到头又回转身来，静静地站立在门后。

面对着眼前的这一切情景，
他，看了很久，听了很久，想了很久……

啊，胸中的江涛海浪！……
啊，满天的云月星斗！……

——该怎样做这次行军的总结呢？
怎样向党委汇报这一切感受？

该怎样估量这支年轻的梯队啊？

怎样预计这开始了的又一次伟大战斗？

……戈壁荒原上，你漫天的走石飞沙啊，
……革命道路上，你阵阵的雷鸣风吼！

乌云，在我们眼前……
阴风，在我们背后……

江山啊，在我们的肩！
红旗啊，在我们的手！

啊，眼前的这一切一切啊，
让我们说：胜利啊——我们能够！

…………
…………

啊！我亲爱的老同志！
我亲爱的新战友！

现在，允许我走上前来吧，
再一次、再一次拉紧你们的手！

西去列车这几个不能成眠的夜晚啊。
我已经听了很久，看了很久，想了很久……

我不能、不能抑制我眼中的热泪啊，
我怎能、怎能平息我激跳的心头？！

我们有这样的老战士啊，
是的，我们——能够！

我们有这样的新战友啊，
是的，我们——能够！

啊，祖国的万里江山、万里江山啊！……
啊，革命的滚滚洪流、滚滚洪流！……

现在，让我们把窗帘打开吧，
看车窗外，已是朝霞满天的时候！

来，让我们高声歌唱啊——
“……鲜红的太阳照遍全球！……”

1963年12月14日，新疆阿克苏

啄 破

1988年7月，我参加在保加利亚首都索菲亚举行的第四届国际儿童联欢大会，大会和“和平旗帜”工作机构的图徽为画有经纬度线的地球，下方为啄破蛋壳的两只雏鸽。

雏鸽啄破蛋壳，
里面有你有我。
——这是“和平旗帜”的图徽，
这是全世界儿童心中的歌。

啄破！啄破！
小鸟长成要出壳。
——这是地球生育的形象，
这是全人类的前进之歌。

打开巴士底狱唱的这支歌。
攻占沙皇冬宫唱的这支歌。

——我们的老师都知道。
我们的老人都记得。

从莱比锡法庭到自由公园[①]唱的这支歌。
从井冈山到天安门唱的这支歌。
——你的爷爷经过，讲过。
我的奶奶讲过，经过。

我们的地球妈妈是圆？是转？
啄破！啄破！——我们这才认得。
这样，第一架蒸汽机在地球上诞生。
这样，第一座登月舱到月球上降落。

西天的霞光能变成永久的晨曦？
东方的红旗怎越过曲折和阻隔？
解惑——要唱这支歌。
探索——要唱这支歌。

历史公公未曾容太久的混沌，
长河婆婆不许有太长的洄波。
啄破！——这是我们前人的歌。
啄破！——这是我们今人的歌。

我们的岁月，一秒沉醉已太久。
我们的大地，一声叹息已太多。
我们的爱，不是无人理解的“爱何”[②]。

---

①注：自由公园，在索菲亚市区。

②注：“爱何”，山林女神，见古罗马诗人奥德维的长诗《变形记》。

我们的期望，不是永远等不到的“戈多”[①]。

啄破！啄破！——
这不是遗忘、狂妄之歌。
我们的翅膀要冲向千条银河，
我们的心脏却连着你我的扬子和尼罗[②]。

啄破！啄破！——
这不是无根、无向之歌。
大地母亲的奶汁给我们神力，
使我们不会在宇宙的黑洞里跌落。

啊，啄破！啄破！
鹏鸟长成要出壳。
飞吧，飞向人类的未来！
唱吧，唱这支属于你、他、我……
属于全人类的前进之歌
——永恒之歌！

1988年7月17日，索菲亚

① 注：“戈多”，见法国爱尔兰裔当代作家贝克特的《等待戈多》一剧。

② 注：指中国的长江和埃及的尼罗河。

南国春早

一

红豆相思子，
木棉英雄花。
南国春无限，
海角连天涯。

二

相思心结子，
英雄情著花。
北客望春色，
浩歌忆风沙。

广州歌剧话剧儿童剧座谈会后
1962 年 3 月

访崖山

广东新会县境内西江入海处有崖山，又名崖门山。南宋大臣张世杰、陆秀夫立赵昺为帝，在此抵抗元军，兵败，陆秀夫负赵昺投海死，宋亡。

一

青山断处崖门开，
明灭塔灯古炮台。
此时花发英雄树，
南海烟波入镜来。

二

危石孤舟水茫茫，
今见崖山古战场。
春风无兴叹赵昺，
喜说开山黄道娘①。

三

春雨同舟泛银湖②。
笑问客来诗有无？

---

①注：即黄道婆，元代女纸坊家，此地民间称此名，传说有开山神力。

②注：崖山有新修水库，以“银湖”名之。

指点崖门千古事，
又展新村规划图。

四

紫荆红棉绿蕉林，
古墓苍苔旧碑文。
但寻新景问新路。
先访今人后古人。

五

北望青山南望云，
伤心何处写丹心[①]。
零丁洋上翻新浪[②]，
破晓红旗扫旧痕！

1962 年 3 月

① 注：民族英雄文天祥被俘后押于船上，过零丁洋时写下名句“人生自古谁无死，留取丹心照汗青”。

② 注：零丁洋在珠江口外，距此不远，文天祥同一诗有“零丁洋里叹零丁”句。

赠诗友

诗心未负江山债，
诗人非属江郎才。
历难更开新诗境，
黄河九曲诗汛来！

1976年12月

题徐州绘画馆

英雄百代忆淮海[①]，
山川万里思云龙[②]。
遥想放鹤今归鹤[③]，
倾心拭目看丹青。

1978年7月

① 注：指淮海战役。

② 注：指徐州市风景区云龙山。

③ 注：云龙山上有宋代建的放鹤亭，苏轼为之作《放鹤亭记》。

青州三题

1986年11月10日赴青州（属潍坊市）参加出生于此的革命艺术家王大化同志逝世四十周年纪念会。会后市委孟副书记陪同游览云门山名胜。

赠孟副书记

青州诗会蒙相问[①]，
潍坊三日见情真。
感君同心怀大化，
征程共攀几云门？

应隋书记嘱题

人杰鬼雄思漱玉，
忧乐先后追范公[②]。
君为青州续青史，
心红当似“火炬红”[③]。

① 注：此前孟副书记邀我参加潍坊风筝诗会，我因事未能赴会。

② 注：宋代大词人李清照曾随丈夫赵明诚在青州寓居。名相范仲淹曾任青州地方官。

③ 注：“火炬红”，青州城区遍植南方移来之阔叶植物，秋后叶红挺出如火炬，此地称其名为“火炬红”。

参观十笏园[1]

心有千里境，
宅仅十笏园。
勿觉陶公至，
更解天地宽[2]。

①注：建于清光绪年间的古典式私家庭园，因占地面狭小故名，但园中所藏珍贵文化遗存甚丰。
②注：陶铸有诗句“心底无私天地宽”。

过洞庭湖（二首）

登岳阳楼

忧乐真见范公记[①]，
乾坤几浮杜甫诗[②]？
浩浩洞庭催来者，
岳阳楼上待新辞。

君山观云

浪拍千里洞庭岸，
石耸君山九亿年[③]。
我问斑竹悲喜泪[④]，
九嶷云漫看征帆[⑤]。

1986年12月

①注：岳阳楼上今存清人张照楷书宋代范仲淹《岳阳楼记》雕漆长屏。记中名句："先天下之忧而忧，后天下之乐而乐。"

②注：杜甫《登岳阳楼》诗"吴楚东南坼，乾坤日夜浮"。

③注：地质学家测定，洞庭湖中君山岛石龄为9亿年。

④注：君山上有斑竹，又称"湘妃竹"，相传为湘妃思念虞舜流泪滴竹成斑。

⑤注：指九嶷山，即苍梧山，相传舜死葬于此，古籍称此山"罗岩九举，各异一溪，岫壑负阻，异岭同势，游人疑焉"，故亦称"九嶷山"。

故乡行（十五题选十三题）

1987 年秋，心载京中数月所感而偶有故乡山东之行。几年来见喜、见忧，心绪繁纷，尤以此番为最。此行数日内，或应人索题，或情不自已，匆促间草成“打油”多首。见之者问何不发表？我以“诗无律而思有邪，不敢广为示人”答之。实则诗无律事小而思有邪事大，因当时环境一直未发表。

两年半后之今日，情况已远非昔比。《东风》副刊多次催稿，久却不恭，现将此旧稿重新抄出勉为应命。但不知作为往事之点滴记忆，还值得读者一顾否？

1990 年 2 月 5 日记

济南会友

泉城多真水①，
历下少虚情②。
故人故心在，
故乡问征程。

①② 注：济南市处历山下，向称“泉城”，传有七十二名泉，市内自来水水源多直接取自泉水。

游趵突、漱玉二泉

趵突思源远。
漱玉引情长[①]。
遥听“鬼雄”句[②]，
羡我访故乡。

应大明湖索题

湖想稼轩北固楼[③]，
泉思易安舴艋舟[④]。
唯愿二杰愁写尽，
从今鲁歌无隐忧。

访友倾谈[⑤]

愚不可及宁武子[⑥]，
难得糊涂郑板桥。
虽见玄坛纵黑虎[⑦]，

---

①注：趵突泉源于泺水，《春秋》载鲁桓公会齐侯于泺。趵突泉旁有漱玉泉，宋代大词人李清照《漱玉集》因以取名。此泉旁有柳絮泉，相传为清照故居，新中国成立后傍此建李清照纪念馆（据考清照故居实在章丘百脉泉畔之明永镇）。

②注：李清照《五绝》：“生当作人杰，死亦为鬼雄。至今思项羽，不肯过江东。”

③注：南宋大词人辛弃疾为济南市人。大明湖南岸遐园西北，1961年建辛弃疾纪念祠。弃疾号稼轩，有句：“何处望神州？满眼风光北固楼。”北固楼即北固亭，在江苏镇江市长江岸，辛弃疾曾两次登此并赋有名篇。

④注：李清照号易安居士，其词《武陵春》中有句：“只恐双溪舴艋舟。”

⑤注：友人斋中悬郑板桥“难得糊涂”行书帖。案上有《论语》、汤显祖《邯郸记》、潍坊杨家湾旧版财神年画等杂陈于报刊堆上。

⑥注：《论语》：“子曰：宁武子，邦有道则知，邦无道则愚。其知可及也，其愚不可及也。”

⑦注：玄坛即赵公明，俗称赵公元帅。道教所奉之财神，坐骑黑虎。

岂信黄粱新宋朝[①]！

曲阜夜

思接千载抚鲁壁[②]，
心游万仞攀岱峰[③]。
往事如涛曲阜夜，
起听新歌《大道行》[④]。

登泰山南天门即景[⑤]

此境天生抑人生？
相遇宽竟不遇中。
月观峰上观落日，
日观峰下逢月升。

天街即事[⑥]

飞车如霞人似仙，
天街邂逅众声欢。
暗云何能损岱岳？

---

① 注：《邯郸记》重写唐传奇黄粱梦故事。此夕与友人谈及：赵公纵黑虎、拜西天、倡“一切向钱看”，等等；但史籍未载公由此竟能继其先祖而得天下。征之各类传奇，均以梁熟梦破而终。其奈史何！

② 注：鲁壁即孔子宅壁。据《汉书·艺文志》载，汉武帝时鲁恭王从壁中掘出古文经书多种，推论为避秦火所藏。清以后学者多有怀疑此事者。

③ 注：岱峰，泰山之峰。

④ 注：参观曲阜后宿孔府旧址，久不能寐。起看电视播映山东艺术节舞剧《孔子畅想曲》。该剧以《礼记·礼运》篇“大道之行也，天下为公”全文为主题歌。

⑤ 注：时值中秋节前二日，登上南天门时恰见日、月正东西相望。

⑥ 注：乘空中缆车登南天门后，步行至碧霞洞，此段名“天街”。各路游人多会经此处再攀岱顶。

到此亲眼识泰山。
登岱顶赞泰山，
几番沉海底，
万古立不移。
岱宗自挥毫[1]，
顶天写真诗。

岱顶夜骤寒

身似归云眠岱顶，
不测夜寒骤起风。
难阻日观峰上去，
纵目万里海浪中。

日观峰上

望岳偏遇望人松[2]，
观日却上日观峰。
青松红日对我望，
齐报骨坚心透明。

朗公石[3]

情切树可感，
理真石亦听。

---

①注：岱宗即泰山，古以为诸山所宗。

②注：“望人松”在五松亭西侧山坡上。

③注：传说灵岩得名于前秦时高僧朗公。朗公说法，听众多达千人，感人处山石点头，树木似悟。现灵岩寺后有郎公山，山上有巨石似僧说法状，称朗公石。其旁有小石并树木排列，似听法感悟。

山山皆灵岩，
我今思朗公[①]。

寻辛弃疾旧踪

南奔有志岱峰壮，
北归无期灵岩哀[②]。
今寻幼安擒叛地，
午梦点兵呼我来[③]。

长清新城留别

长清人间真似幻[④]，
灵岩仙家幻似真。
文物整旧应如旧，
河山当改万里新。

1987 年 10 月 3 日至 7 日

---

① 注：应长清县（现长清区）委宣传部同志索题时，互勉以此种精神做我宣传工作。

② 注：辛弃疾参加耿京的抗金起义军，根据地即在灵岩至泰山一带。耿京被叛徒张安国所害。辛弃疾勇擒叛徒，南奔于宋。不意竟被宋廷嫉斥，空怀恢复之志而终老江南。

③ 注：辛弃疾字幼安。其《破阵子》一词，写醉中忆昔在抗金军中之战斗豪情，有“沙场秋点兵”句。

④ 注：灵岩寺属长清管辖。长清于党的十一届三中全会后发展迅速，经济及各项工作在济南全市区、县中跃居前列。新城为近年来另建，蔚为大观。

访石花洞[1]

一

北国岩洞无盛名，
塞下芦笛万目惊[2]。
最喜有别桂林处，
黄河石涛自家风[3]。

二

欲探真美人下层[4]，
地心深与人心同。
谁道劫中尽失落？
寻到此处便相逢。

1987 年 10 月 23 日

① 注：在北京市远郊房山区山中，旧名“潜真洞”。1987 年国庆节，经整修后开放。

② 注：指桂林最佳岩洞芦笛岩。

③ 注：石花洞内有巨大石幔如黄河怒涛，景观取自“黄河之水天上来”。

④ 注：石花洞甚深，景观有多层，愈下愈佳。

枣庄行（四题）

四园诗[①]

一

燎原星火似重现，
忽作银河倾碧天。
诗人奇境知何处？
我乡枣庄石榴园[②]。

二

花焰光透匡衡壁[③]，
籽液甘涌贾氏泉[④]。
繁叶万顷根千载，
遍阅九州唯此园。

三

秋风未闻寂寞叹，

① 注：此诗四段，每段结尾均为“园”字。

② 注：枣庄市万亩石榴园在峄城区，史载始自汉代。作者为峄县（现峄城区）人。

③ 注：榴园南匡谈村有汉代经学家、政治家匡衡墓。史载其家贫好学，曾凿壁偷光夜读。

④ 注：榴园内有贾泉，明代著名文士贾三近在泉边石上题字。

春光自持无媚颜。
君怀殷红粒粒籽，
剖心待我园中园[①]。

四

共叙河山腾飞愿，
谁听改色变蔚蓝[②]？
榴花尽染先烈血，
熠熠红旗识故园。

参观吴林乡大理石厂、玉雕厂

玉成神州梦，
石鸣华夏声[③]。
故乡多志士。
吴林尽天工。

参观枣庄毛笔厂

得才无变有，
南客北为家[④]。
不须诗仙梦[⑤]，

---

①注：“园中园”在大石榴园中心。

②注：当时电视片《河殇》反复播放，鼓吹“全盘西化”，以西方所谓“蔚蓝色文明”取代民族文化和社会主义制度，这是当时创作的背景。

③注：吴林新制大理石编磬，中日音乐家评价颇高。

④注：此厂较早改革人事制度，聘用南方来的技术人员办厂。

⑤注：俗传李白“梦笔生花”。

此笔自生花。

题赠枣庄联合大学[①]

枣庄枣花放，
“抱犊”创妙方[②]。
榴园结新果，
累累闻异香。

1988年10月

① 注：枣庄联大为该市自办，大胆试行改革，本地招生，本地分配，教师聘自外地著名大学，为定期合同制。学科设置和教学内容和方法亦有改革。

② 注：该市山区有抱犊崮，山顶有地平广可耕，但路险难攀，牛不能上。传说有农人抱犊而登，迁居山顶，待犊养大用之以耕。

本溪二首

题赠《辽东文学》

文比本溪人参铁[1]，
诗如天女木兰花[2]。
谁道辽东春色浅？
目囿关内非方家。

游本溪水洞[3]

洞中银河梦中天，
神舟飘飘人欲仙。
闻道漓江远嫁女，
辽东此门识丽颜。

1988年10月

① 注：为本溪优质铁矿石。

② 注：为本地特产杜鹃花优良品种。

③ 注：本溪市名胜，有桂林漓江岩洞之美。

咏山海关老龙头[1]

千劫河未殇[2]，
万代城不朽。
猛志越山海，
伟哉老龙头！

1989 年 7 月 19 日

① 注：老龙头为山海关长城尽头，城堞碉楼入渤海波涛中。

② 注：指影片《河殇》。

访仙游寺[1]

终南征路无捷径，
何处仙游人共游?
君借缥缈写长恨[2]，
千载未绝动地忧[3]。

1991 年 5 月

---

① 注：仙游寺，在陕西周至县境秦岭山中。史载白居易在此写成《长恨歌》。

② 注：《长恨歌》中有句“山在虚无缥缈间”，又有“渔阳鼙鼓动地来”“此恨绵绵无绝期”。

大观西湖

杭州西湖畔有岳飞、于谦、张煌言之祠堂、故居、坟墓等遗址。

大观西湖识壮美，
九天峰飞仰岳飞①。
于谦清白悬白日②，
千秋碧水接苍水③。

1992年5月

① 注：岳坟不远处有飞来峰。
② 注：于谦诗："要留清白在人间"。
③ 注：张煌言字苍水。

川北行（十五题选十一题）

抗日战争时期，我离开家乡山东流亡大后方，于1938年底进入四川，沿川北古金牛蜀道，经广元、剑门关、剑阁到达梓潼止留。1940年由此北上，经原路奔赴延安。53年后的1993年秋，沿此线重访川北故地，并顺游九寨沟，又访江油李白故里。

咏广元

一

北去过此已半世，
广元新颜惊不识。
红军碑林红军渡①，
巴山泪雨诉情思。

二

皇泽寺下则天坝②。

① 注：1932年至1935年，红四方面军在包括广元在内的20余县境内建立了川陕革命根据地。近年来，广元市收集当年红军镌刻标语、文告的各类碑碣建“红军碑林”于市郊乌奴山麓，又在嘉陵江等几处渡口建“红军渡”等纪念设施。

② 注：皇泽寺在广元市郊嘉陵江边，唐时由川主庙改建，有女皇武则天石雕像。不远有白沙里，后称则天坝。郭沫若等学者考证武则天诞生于此。

嘉陵江畔花竞发。
乘舟踏浪举头望，
新凤飞出明月峡[①]！

三

千山开放万壑改，
长街远出旧关隘。
五丁开道励新世[②]，
负力失国警后来[③]。

四

南江新岸楼外楼[④]，
红颜红心慰白头。
共话文明双飞翼，
喜望利州亦义州[⑤]！

---

① 注：1988年广元市中心凤凰山上新建凤凰楼，高42米，风格新颖，振翼欲飞。明月峡在广元市北嘉陵江岸，有古栈道，为自北入川之著名险关。

② 注：据史载与民间传说，秦时蜀王遣勇士“五丁”劈山开道，北与秦通。缘此，陕南宁强县境内有五丁峡、五丁关。

③ 注：川陕间此古道称“金牛道”。传说秦惠王为灭蜀计，以石牛粪金并美女诱蜀王。蜀王沉溺财色，国衰被灭。

④ 注：广元市区位于嘉陵江与南江交汇处。近年建设以南江沿岸为重点，广厦重楼，其中有广元大学、市图书馆、影院、体育场等文教设施。

⑤ 注：广元古城利州。

百年纪念

纪念毛泽东同志一百周年诞辰，应陕西延安精神研究会嘱题。

百年改天地，
三代察废兴。
四海风云变，
更思东方红。

1993年12月

槽渔滩诗草

1994年9月，我同柯岩应作家周纲同志邀，赴四川乐山市槽渔滩综合开发区访问，参观新建水利工程，游览风景文化旅游新区，小住十日。

槽渔滩景区[①]

天府新秀槽渔滩，
到此顿觉人似仙。
美景奇迹见三世[②]，
桫椤峡江览亿年。
千塔移来真净土，
万溪洞开桃花源。
青衣今止青衫泪[③]，
望糊楼下新管弦。

---

① 注：景区在青衣江上游峡谷中，多生桫椤等古代植物，并有战国时蜀李冰“青衣江离堆”、古栈道、道教张道陵刻石、明杨升庵遭贬咏诗等古代遗迹和“千塔佛国”等仿古建筑，以及望湖、观瀑等多处自然景观，另有宾馆、度假村等多座新式建筑。

② 注：“见三世”：过去，现在，将来。

③ 注：经历坎坷的科技人员在此备受重视。“青衫泪”：语出白居易诗句“江州司马青衫湿”。

题赠徐启斌同志[1]

一进槽渔醉我心，
既为风景更为人。
何因仙境弹指现，
但问徐公不问神。
民忧久思焦裕禄，
星殒倍念党人魂。
青衣江畔今重见，
长征渠首徐启斌[2]。

题赠周纲同志

梦同周公游，
蝶飞青衣襟[3]。
相见惊白发，
依旧战士心。
十日乐净土，
百年忧思深。
雅雨楼上纸[4]，
共挥胸中云。

1994 年 9 月 24 日

---

① 注：徐启斌，时任槽渔区综合开发区董事长、经理、指挥长，乐山市政协副主席，模范共产党员。

② 注：水电工程冠名“长征渠”。

③ 注：与周纲同志笑说“周”字，戏举“孔子不复梦周公”和“庄周梦蝶”。

④ 注：乐山市雅安县产宣纸，称“雅宣”。景区新建雅雨楼，备有纸及其他文房用具，供来客挥毫。

咏徐州[1]

淮海兵家地，
彭徐寿者乡[2]。
新世开新业，
谁歌大风扬[3]。
拔剑云龙舞[4]，
放鹤鹏翼张[5]。
万里乡心系，
遥天祝正航。

1995年9月

---

① 注：1995年应邀赴徐州参加《汇海文汇》创刊十周年论坛，返京后作。

② 注：徐州古称彭城，为彭祖故里。

③ 注：刘邦故里沛县，属徐州。其《大风歌》："大风起兮云飞扬。"

④⑤ 注：拔剑池、云龙山、放鹤亭，均为徐州古迹。

怀海涅

——纪念海涅诞生二百周年

滔滔莱茵水，
茫茫昆仑雪。
举目八万里风云[①]，
回首二百年岁月。
“地上天国”愿[②]，
人类解放业——
不尽征程
号角声声接。

青史展新卷，
诗史揭新页。
《织工曲》[③]，《国际歌》；
遥相应，步未歇。
革命情怀战士心[④]，

① 注：八万里，毛泽东《送瘟神》诗有句“坐地日行八万里”，即绕地球一周，借指全球。

②④ 注：均见海涅诗文。

③ 注：指海涅名作《西里西亚纺织工人歌》。

为缪斯，树新则。
——卓卓早行人，
浩浩后来者。
今俑夕？
怀先哲。
诗人诞，
恰逢节[①]。
望红旗落处忆举时[②]，
往事双重阅。
此情此心
能不问海燕[③]、
思海涅？！

谁叹人迹绝、
路难测？
观潮起潮落。
数星明星灭，
正道沧桑固曲折。
信有相逢处，
江山不负约。

---

① 注：海涅诞生于 1797 年 11 月 13 日，与 120 年后十月革命同月差数日。

② 注：红旗落处，1991 年苏联解体，东欧社会主义国家相继垮台。

③ 注：海燕，苏联社会主义文学的奠基人、“无产阶级艺术的最杰出的代表”（列宁语）高尔基于 1901 年写出名篇《海燕》，被称为“战斗的檄文、无产阶级革命的颂歌”（见《外国名作家传》，第 372 页，中国社会科学出版社，1979 出版社版本），并受到列宁的称赞。

曾闻狂言“终结”[①]，
咒语“告别”[②]——
堪笑一丘愚劣。
扶天倾，
补地裂。
导洪流，
警覆辙——
自有人心、诗心坚胜铁！
唤莱茵春水，
踏昆仑融雪，
且看新队列。

当此时，
云尚遮。
余也何幸，
与诸君同诵先辈华章，
再学赋新阕。

推窗催晓日，
共此不眠夜。

①② 注：指海内外论者分别所著之《历史的终结》及《告别革命》。

咏南湖船

极目长河[1]
　　惊骤洄巨折！
逆风狂，
　　浊浪恶。
　　　　百舸几沉没？
念神州，
　　心千结——
此船应无恙：
　　勿迷航，
　　　　莫偏斜；
当闻警排险，
　　岂容自损身，
　　　　暗沉不觉？
驾驶者
　　曾是阶级先锋、
　　　　民族脊梁、
　　　　　　时代英杰。
未负

① 注：长河，喻指国际共产主义运动。

红色盘古
创世大任，
久葆
东方“安泰”①
“地子”本色②。
看南湖，
望北国——
七十载过——
数不尽
累累先烈骨、
滚滚同志血。
征程历历昭来者——
真伪明，
成败决，
须察
千态万状。
当经
史检民择。
而今寰宇更待——
再拨疑云迷雾，
净淘断戈败叶③。
志无疑，
步无懈；

---

①② 注：安泰，希腊神话中大力神，大地之子。

③ 注：南湖有烟雨楼，七月一日为党的生日。

③ 注：戈一，叶一，人名。

信河清有日，
归燕终报捷。
无须问我——
鬓侵雪、
岁几何？
料相知——
不计余年
此心如昨。
今来几度逢队日，
此情俱与少年说。
紧挽臂，
登船同看：
电光闪处当年舵；
烟雨楼上——
听万里涛声
共唱
心船歌。

1997年10月

咏黄果树大瀑布

为天申永志，
为地吐豪情。
我观黄果瀑，
浩荡共心声。
怒水千丈下，
破险万里征。
谁悲失前路，
长流终向东[1]。

1997年10月

---

① 注：瀑布水下注打帮河，汇入北盘江，曲折南下红水河，再入广东西江，东向入海。

散歌纪行（三首选二首）

过古隆中诸葛庐

偶行荆襄道，
此山感兴多。
未究两南阳①，
但念一诸葛。
天末战云近，
隆中新对何？
司马识空城，
勿嗔老军聒②。

登武当山

七十二峰朝天柱③，
曾闻一峰独说不。
我登武当看倔峰④，
背身昂首云横处。

---

①注：隆中山在襄阳县（现襄阳区）西，古属南阳郡。另，河南省南阳县（现南阳市）古有卧龙冈，相传为诸葛亮躬耕处，《辞海》中有解。

②注：京剧《空城计》诸葛亮对老军唱词中原有：“国家事不需要尔等关心。”

③注：武当山有七十二峰，最高者为天柱峰，上有太和宫、金殿。

④注：在天柱峰东南，俗称“犟山”或“倔峰”，又名“外朝山”。

访神农架（外一首）

神农招访神农架，
燕子邀客燕子垭[①]。
天桥飞跨似泸定[②]，
一览万山听步伐。

登神农顶[③]

我观神农原始景，
后观我身隔云层。
小草远志非远古[④]，
神农顶上说大同。

---

① 注：燕子垭，在神农架原始森林红坪风景区内，海拔 2200 百米，旁为燕子洞，常年有大量特异的金丝燕栖息。

② 注：泸定桥，四川泸定县大渡河上之铁索桥，1935 年 5 月红军长征途中强渡此桥。

③ 注：神农顶，在神农架原始自然保护区中心最高处，海拔 3105 米。

④ 注：“远志”，中草药，又名“小草”。古语有“在山为远志，出山为小草”。

游风穴寺

我性爱诗兼爱史，
希夷①、贞师略有知②。
文物灿然恨见晚，
嵩骨越姿景亦奇③。
国盛岂赖香火盛？
真价应为广众识。
春光重沐风穴寺，
且待五洲争看时。

① 注：希夷，唐代著名诗人刘希夷，汝州人，其诗《代悲白头翁》有名句："年年岁岁花相似，岁岁年年人不同。"流传颇广。其墓冢距风穴寺不远。

② 注：贞师，指唐代天台宗第七代祖师贞禅师。他圆寂后，风穴寺为纪念贞禅师重建寺院，其中特建九层方形密檐式砖塔，唐玄宗敕封"七祖塔"，该塔是全国迄今保存最完好的一座造型独特的唐塔。

③ 注：风穴寺位于嵩山南麓，殿宇巍峨，风景佳胜，融嵩山之雄与吴越之秀于一体。

登风穴寺望州亭

云巢云往思今古[①]，
风穴风来辨西东。
空同今会我意否[②]？
望州亭作望宇亭。

① 注：云巢往，相传唐代重修风穴寺时，天气炎热难当，工匠不能施工，忽有白云飘来，如一把巨伞遮阳，直到工程完工，因而此寺又有白云寺之称。

② 注：风穴寺内最高处有望州亭，明代御史谭在川来游，一度改其名为“观风亭”，李梦阳作《观风亭记》记其事。其文中有“美哉，空同子之言风也”。李梦阳号空同子，著有《空同子集》。

龙庆峡

十余年前，游京郊龙庆峡，同游友人索题立等，虽匆匆草成，但自觉句陋字丑，未敢应命持赠，致歉作罢。近日偶然忆及，重抄于册，仅为自留雪泥一爪耳。

塞上漓江龙庆峡，
可染仙云惜未画[①]。
我应急索题旧句：
“桂林山水满天下”[②]。

2001年5月

① 注：大画家李可染多画漓江山水，是其整个作品的重要部分。

② 注：拙作《桂林山水歌》中末句。

登白云山述怀

白云山在河南嵩县境内，其主峰海拔2216米，较泰山岱顶高出671米。天池山与其连体并立，山顶天池旁有巨石，酷似伟人毛泽东卧像。像旁林海隆起处有裸露岩体天然构成“公心”二字，形若毛公手书笔迹。

足踏超岱顶，
目骋越苍穹。
今登白云山，
千载一览中。
兴亡云漫漫，
安危雾重重。
谁赋“俱往矣”①？
大道启新程。
中华顶天立，
世代念毛公。
千山想身影，
万水思面容。
天池张天镜，

①注：毛泽东《沁园春·雪》：“江山如此多娇，引无数英雄竞折腰。惜秦皇汉武，略输文采；唐宗宋祖，稍逊风骚。一代天骄，成吉思汗，只识弯弓射大雕。俱往矣，数风流人物，还看今朝。”

栩栩见永生。
枕石醒若寐，
心事耸眉峰。
手书付林海。
展卷碧涛中。
“公心”二字出，
天光照分明。
远客惊奇迹、
万民心相应。
临此非幻境，
我来路有踪。
观字思如瀑，
检点忆平生。
扶我初学步，
导我晚霞行。
西天风暴起，
五洲望日升。
壮我老兵怀，
听唤继长征。
路遥信必达，
心驰向大同。

2009 年 6 月 20 日
于白云山归途中

访黛眉山龙潭大峡谷

此景区在河南省洛阳市新安县境内，原为贫困山区。2005年，本县副县长陈建林辞去公职，带领群众来此进行开发，景区蔚为奇观，先后被评为国家级地质公园、4A级旅游景区，又被联合国教科文组织评为世界级地质公园。景区内的开发活动带动周围贫苦村民生产和生活明显提高。

2009年6月，我和几位同志应邀往访，即兴仿民谣、歌诀草就数则发表于《洛阳日报》。归后修改补充成此篇。

黄河边，黛眉山，
黛眉一展现奇观。
洛阳境，此山中，
谁启天设神仙宫？
神瀑布，神峡谷，
天公在此藏天书[①]。
龙潭中，眠五龙，
十二亿年何得醒[②]？
洗冤潭，洗沉冤[③]，
何时水流到人间？

①② 注：大峡谷岩石若书卷层叠，经测定形成于12亿年前。

③ 注：传说谷中有小白龙被恶僧无故斩首灭尸，女娲神寻救不果，因指悬崖倾神水成潭为之洗冤。

在人间，属新安，
杜甫过此逾千年。
历苦难，留诗篇，
“三吏”“三别”至今传[①]。
《新安吏》[②]，今非昔，
新安新人著新诗。
为民谋，探深谷，
众手拨云仙宫出。
山开口，龙抬头，
声动八方客来游。
赏美景，诉心愿，
赤壁崖前赤心见[③]。
美景路，致富路，
最美还看民共富。
华西村，南街村，
龙潭请来做嘉宾。
三门开，梳妆台，
黛眉新装我又来。
悲喜泪，扶天碑[④]，
民心齐天望腾飞。
访龙潭，辨真颜，
要看红色龙腾上九天！

2009 年 7 月

①② 注：“三吏”“三别”为“安史之乱”时期杜甫名篇，《新安吏》为“三吏”之一。
③④ 注：为景区内标志性景观。

游黄山感怀

2014年我年近九旬，入春一场病后，蒙友人相助，于5月15日起赴徽地疗养，乃有平生第一次黄山二日之游。

神游黄山境，
真见迎客松。
问我何方来？
万里思征程。
延水育年少①，
今成九旬翁。
百惭一自豪，
未负始信峰。
宝塔山下路②，
同道偕壮行。
云海任变幻③，
天都继攀登。

2014年5月16日作于黄山

① 注：作者于1940年4月奔赴延安。

② 注：宝塔山，山上有塔，故名，延安象征。

③ 注：云海，黄山著名景观，云雾茫茫，犹如波涛滚滚、险浪层层。

云南行（四首选三首）

楚雄夜话[1]

应燃火把照征程[2]，
勿损马樱花泪红。[3]
齐问文苑今何往？
楚雄夜听万民声。

访大理

苍山惊我如山在[4]，
洱海赠我耳似海[5]。
此生念念寻大理[6]，
心泉终信万蝶来[7]。

---

① 注：与楚雄彝族自治州各方面同志座谈，听到对文艺工作意见，呼声强烈。

②③ 注：座谈中观看彝族火把节实况及舞剧《咪咪噜》录像，“马樱花”为该剧中主角。

④ 注：苍山，在大理境，属横断山脉。

⑤ 注：洱海，在苍山下，海区状如耳，故名。

⑥ 注：大理历史沿革已广为人知，唯大理地名来源未见确考。作者少时初知大理之名时，曾依己之愿，自解为“伟大真理”之意，故特喜大理之名。

⑦ 注：苍山脚下有著名之蝴蝶泉，惜此来遇大风，未见泉上飞来蝴蝶。

游石林

览史忆战阵，
访滇游石林。
挥杖指万象.
走马阅千军。
向天皆自立，
拔地深连根。
入林识战友，
叩石听友心。
问石立何位?
问林何成因?
结群基一我，
众我成大群。
主、客二体合，
个、群互为存。
天运此正轨，
人运亦同轮。
峥嵘井冈路，
风雨天安门。
正反恩得失，
“人”字论纷纭。
忽见“救世”者，
大言指迷津。
西寺讨旧签，

何诩“启蒙”新[1]？
废已固遭祸，
唯私必沉沦。
中华再崛起，
大振我国魂。
拨乱非易帜，
石林响正音。
感此热血沸，
挽石入人林！

1989年3月

① 注：“全盘西化”声中，有照搬西方而自称所谓“新启蒙”理论者甚嚣尘上。

荆州行（五首选四首）

去荆州、洪湖道中

身游云梦千年境[1]，
思涌洪湖浪打中[2]。
访古问今增豪气，
不虚此日荆州行。

访郢都纪南城废址[3]

阡陌纵横纪南城，
莲根深处是楚宫。
江山几度劫火后，
《哀郢》一赋不尽情[4]。

---

① 注：荆州、洪瑚一带属古代云梦泽范围。

② 注：歌剧《洪湖赤卫队》有“洪瑚水，浪打浪”。

③ 注：荆州城战国时为楚都郢，纪南城印楚王官。

④ 注：屈原作《九歌》之一《哀郢》。

谒洪湖烈士塔

洪湖涡漩甘苦泪[①]，
长江帆行顺逆风[②]，
尺纸片时难尽写，
征程万里心潮中！

赠荆州、江陵地县领导[③]

风华年少经纶手[④]，
江陵一见意气投。
天广地阔红旗在，
信不大意失荆州[⑤]。

1985年10月20日至26日

① 注：洪湖革命烈士塔左右临近洪湖与长江。

② 注：洪湖革命烈士，土地革命中除牺牲于敌人手中者外，不少是1931年在“左”倾路线下肃反中冤死者。

③ 注：荆州、江陵地县两级治所同为一地。

④ 注：经纶手，即治理国家的能手。宋代辛弃疾《水龙吟》：“渡江天马南来，几人真是经纶手？”

⑤ 注：《三国演义》小说中有关羽“大意失荆州”情节。

三峡行（九首选七首）

访三峡工程指挥部

久梦平湖出高峡[①]，
禹牛待命望京华[②]。
屈子回棹向故里[③]，
神女俯身欲浣纱[④]。

秭归访屈原祠

隐约江声似《九歌》[⑤]，
此去汨罗路几何？
《招魂》当应“归乡赋”[⑥]，
寻迹到此热泪和！

---

① 注：毛泽东在1956年《水调歌头·游泳》中句“更立西江石壁，截断巫山云雨．高峡出平湖”。

② 注：西陵峡有黄陵庙，旧有大禹及神牛塑像。

③ 注：西陵峡中段秭归县，为屈原故里。

④ 注：指巫峡神女峰。

⑤ 注：屈原祠在秭归城长江边。《九歌》，屈原作品，根据其生前流行于此地及楚国南部民间条神乐歌加工创作。

⑥ 注：《招魂》，《楚辞》篇目，作者宋玉或疑为屈原。

宜昌三游洞远眺

巍巍葛洲坝①，
悠悠西陵峡。
诗来三游洞②，
喜至亿万家③。

游小三峡④

神女思嫁眸映霞⑤，
巫山北望意中家。
此去巫溪仙乡路，
宁河百里小三峡。
殷勤主人伴我游，
惊见此处风景佳。
轻舟如云入梦幻，
归来还梦舟再发。
峰峦滴翠润红颜⑥，
天泉飞雨消白发⑦。

---

① 注：指长江葛洲坝大型水利工程。

② 注：宜昌市西岩洞风景区，为唐代诗人白居易、无稹、白行简三人游此发现，因以“三游洞”名之。

③ 注：三游洞上有“至喜亭”，宋代欧阳修撰记云：“江出峡，始复为平流。故舟人至此者，必沥酒再拜相贺，以为更生。”因以此意名亭。

④ 注：小三峡，在巫山县境，大宁河北溯至巫溪县一段峡谷。

⑤ 注：神女蜂在巫山顶上。

⑥ 注：“峰峦滴翠”“天泉飞雨”为小三峡著名景点。

⑦ 注：“峰峦滴翠”“天泉飞雨”为小三峡著名景点。

一重景色一声叹：
美到何处是天涯？
返问云端归宁女，
夫家称心含笑答。
临别举杯歌此曲，
愿伴年少舞轻纱。

至奉节闻远方讯有思

史读“托孤”忆蜀忧[①]，
诗诵“依斗”感杜愁[②]。
不尽长江今来我[③]。
白帝叶红第几秋？

登白帝城答友人问候[④]

列阵群峰激杜心，
高城千尺竞登临。
目送杜甫长江浪[⑤]，
袖扫宋玉巫山云[⑥]。
但倚赤甲呼征鼓[⑦]，

---

①注：蜀帝刘备在自帝城临终前托孤（阿斗）于诸葛亮，现城上有此段史事群塑。

②注：杜甫《秋兴八首》中句“每依北斗望京华”。后在幸节城南门外长江岸立有“依斗门”，迤东山巅上为白帝城。

③注：杜甫夔州诗之一《登高》句“无边落木萧萧下，不尽长江滚滚来”。

④注：城在白帝山上。东汉初，公孙述踞此称帝，自号白帝，建此城，因以名之。

⑤注：杜甫《登高》，诗中意见前。

⑥注：宋玉《高唐赋序》中述楚怀王梦巫山神女，“旦为朝云，暮为行雨。”

⑦注：赤甲山，瞿塘峡群山之一。

岂对白帝输病身？
夔门又雨何足畏[①]，
滟滪千堆过来人[②]！

访长阳[③]

此行此生记长阳，
山长水长情谊长。
青山多留巴人迹[④]，
少年还唱贺军长[⑤]。
歌向何处路何方，
心同人亲话衷肠。
生日何须问生地[⑥]，
长阳亦是我故乡！

1985年10月28日至11月5日

① 注：瞿塘峡口，两侧石壁对峙，是为夔门。

② 注：滟滪堆，在瞿塘峡口江流中，为长江著名险滩。

③ 注：长阳土家族自治县，有新石器晚期中国古人化石“长阳人”，土地革命时期为湘鄂川黔红色根据地之游击区。改革开放以来，经济发展迅速，文化工作有新经验。

④ 注：巴人，古族，相传周代以前居长阳武落终离山，现仍有古城堡等遗迹。

⑤ 注：指创建湘鄂西根据地时的贺龙同志。

⑥ 注：来访次日，为作者61岁生日，主人已先知。

哲盟[1]行（八题选六题）

访木里图镇

塞外访明珠，
惊见木里图。
嘎查一夕话[2]，
北京十年书。

访通辽西喜嘎查

绿浓红深沙漠间，
寻访归来夜难眠。
延水声中党课后，
今师蒙汉两金山[3]。

---

① 哲盟，是“哲里木盟”的简称，现为通辽市。

② 注：嘎查，蒙语“村庄”之意。

③ 注：“两金山”，指包金山和郭景山两同志。女党委介绍：“这里有两个金（景）山”。包金山，蒙古族，本村党支部书记，带领本村蒙古族、汉族等各族人民治理沙漠，改变落后面貌，多次被评为盟、县优秀党员。郭景山，汉族，本村最老的党员，模范事迹感人。因重病去世，临终在遗嘱中告党支部重视科技工作，并交上最后一次党费。

访霍林河煤城不达[①]

通辽北向霍林河，
情漾草原似牧歌。
扎旗遇雨煤城阻，
却探心矿知金多。

游大青沟[②]

天降碧宫隐沙海，
塞外桃源待时开。
新妆菊娘为东道[③]，
笔会八方少年来[④]。

谢赠麦饭石样品

重稀土无价，
麦饭石有神[⑤]。
更见可贵者，
哲盟兄弟心。

① 注：去霍林河煤城途中遇大雨，到扎鲁特旗后路毁不能前往。当地同志热情招待，交谈甚欢。
② 注：大青沟为沙漠绿洲，通辽市著名风景区。
③ 注：此地流传的神话中之女神菊丽玛，为保卫草原与女魔尼格勒格斗而死，其身化为大青沟，其血化为枫叶，其泪化为泉水。
④ 注：参加“草原笔会”的各地少数民族作家多为青年人，来此同游。
⑤ 注：开采稀土，加工麦饭石，为改革开放后通辽市矿业生产及外贸之重点项目。

参观哲盟博物馆麦新烈士史迹[1]

碧血塞上几经春？
大刀一曲忆战云[2]。
岁岁清明碑前祭，
蒙汉万口念麦新。
此行来到麦新镇[3]，
梦中呼名会故人[4]。
老友新姿可告慰：
什九未改战士心！

---

①②③ 注：麦新同志，抗日战争初期以所作《大刀进行曲》闻名全国。解放战争期间，从延安到哲盟地区工作，后在保卫开鲁地区的战斗中英勇牺牲。蒙古族、汉族等各族人民为他立碑纪念，并把他生前战斗的地方命名“麦新镇”。

④ 注：延安时期，作者有歌词多首由麦新作曲。

老人节访延边（九题选八题）

定“八·一五”为老人节，始自延边朝鲜族自治州。作者于1986年应邀赴此节日盛会。

过镜泊湖

君心未眠奔地火，
曾误君名为静波。
心托明镜非冥静，
日运月行此中泊。

车行长白林区

谁道林海新绿生，
风景从此不言红？
来看万松根到籽，
抗联血沃色赤诚。

题赠延边州委

山山金黛莱，
村村烈士碑。
红心振双翼，
延边正起飞！

朱德海同志墓前

此山长眠朱德海①，
子归大地母亲怀。
血火风雨革命路，
喜看新人身后来。

东盛乡老人节联欢②

长白晚霞变早霞，
倒转花甲成甲花。
青春少年邀我舞，
征程跟步又出发。

珲春国境线上题赠边防战士

边防卫边任，
珲春护春神。
战士千里目，
祖国十亿心。

访中朝边界崇善乡③

江山有界情无疆，
感此长白第一乡。④

① 注：朱德海同志，朝鲜族人，延边朝鲜自治州第一任党政王要领导人，延安时期军垦南泥湾，是三五九旅的老战士。

② 注：东盛乡属延吉市，州委举办的老人节纪念联欢活动在此举行。

③④ 注：崇善乡，现名为崇善镇，在长白山脚下。崇善镇南临图们江，对岸即朝鲜民主主义人民共和国。

图们江月共夜话：
律成、雪松、延水长①。

长白山天池短歌（十首选二首）

八

雄峰巨涛在云顶，
俊石羞波浓阴中②。
大小天池但神异，
豪情柔情皆诗情。

九

唯有此等好河山，
堪为中华写容颜。
灿烂往昔千山后，
光辉来日万水前。
半生常饮未深醉，
纵有千喜与万悲。
为筹环球大同宴，
来倾天池试醉归③！

1986年8月

①注：郑律成同志，原为朝鲜国人，抗日战争时期到延安后即定居中国。为著名革命音乐家，《解放军军歌》（原《八路军进行曲》）曲作者。另作《延水谣》亦广为流传，中有“延水长”句。另，丁雪松，郑律成夫人，外交家，汉族人。

②注：小天池在天豁峰下不远，有密林浓荫围绕。

③注：别天池答敬酒。

课本里的作家

序号	作家	作品	年级
1	金波	金波经典美文：第一辑 树与喜鹊	一年级
2	金波	金波经典美文：第二辑 阳光	
3	金波	金波经典美文：第三辑 雨点儿	
4	夏辇生	雷宝宝敲天鼓	
5	夏辇生	妈妈，我爱您	
6	叶圣陶	小小的船	
7	张秋生	来自大自然的歌	
8	薛卫民	有鸟窝的树	
9	樊发稼	说话	
10	圣野	太阳公公，你早！	
11	程宏明	比尾巴	
12	柯岩	春天的消息	
13	窦植	香水姑娘	
14	胡木仁	会走的鸟窝	
15	胡木仁	小鸟的家	
16	胡木仁	绿色娃娃	
17	金波	金波经典童话：沙滩上的童话	二年级
18	金波	金波经典美文：一起长大的玩具	
19	高洪波	高洪波诗歌：彩色的梦	
20	冰波	孤独的小螃蟹	
21	冰波	企鹅寄冰·大象的耳朵	
22	张秋生	妈妈睡了·称赞	
23	孙幼军	小柳树和小枣树	
24	吴然	吴然精选集：五彩路	三年级
25	叶圣陶	荷花·爬山虎的脚	
26	张秋生	铺满金色巴掌的水泥道	
27	王一梅	书本里的蚂蚁	
28	张继楼	童年七彩水墨画	

序号	作家	作品	年级
29	张之路	影子	三年级
30	曹文轩	曹文轩经典小说：芦花鞋	四年级
31	高洪波	高洪波精选集：陀螺	
32	吴　然	吴然精选集：珍珠雨	
33	叶君健	海的女儿	
34	茅　盾	天窗	
35	梁晓声	慈母情深	五年级
36	陈慧瑛	美丽的足迹	
37	丰子恺	沙坪小屋的鹅	
38	郭沫若	向着乐园前进	
39	叶文玲	我的“长生果”	
40	金　波	金波诗歌：我们去看海	六年级
41	肖复兴	肖复兴精选集：阳光的两种用法	
42	臧克家	有的人——臧克家诗歌精粹	
43	梁　衡	遥远的美丽	
44	臧克家	说和做——臧克家散文精粹	七年级
45	郭沫若	煤中炉·太阳礼赞	
46	贺敬之	回延安	八年级
47	刘成章	刘成章散文集：安塞腰鼓	
48	叶圣陶	苏州园林	
49	茅　盾	白杨礼赞	
50	严文井	永久的生命	
51	吴伯箫	吴伯箫散文选：记一辆纺车	
52	梁　衡	母亲石	
53	汪曾祺	昆明的雨	
54	曹文轩	曹文轩经典小说：孤独之旅	九年级
55	艾　青	我爱这土地	
56	卞之琳	断章	
57	梁实秋	记梁任公先生的一次演讲	高中
58	艾　青	大堰河——我的保姆	
59	郭沫若	立在地球边上放号	